**TERRORISMUS**

Konzept, Text: Volker Pfeifer

**UNTERRICHTSMAGAZINE SPIEGEL@KLETT**

Unter der Internet-Adresse www.schule.spiegel.de finden Sie weitere Informationen und Links zu einzelnen Themenbereichen aus dem Heft.

**IMPRESSUM**

1. Auflage    1  5  4  3  2  1
2007   2006   2005   2004

Alle Drucke können nebeneinander benutzt werden, sie sind untereinander unverändert. Die letzte Zahl bezeichnet das Jahr dieses Drucks.

Dieses Werk folgt der reformierten Rechtschreibung. Ausnahmen bilden Texte, bei denen künstlerische, philologische oder lizenzrechtliche Gründe einer Änderung entgegenstehen.

**HERAUSGEBER:**

SPIEGEL-Verlag, Hamburg
Ernst Klett Schulbuchverlag Leipzig
Redaktion: Michael Grabowski,
        Herbert Takors
Dokumentation: Heinz Egleder
Schlussredaktion: DER SPIEGEL
Gestaltung: Sebastian Raulf
Grafik: DER SPIEGEL; Thomas Hammer
Repro: DeQua Repro GmbH, Hamburg
Druck: H. Stürtz AG, Würzburg
ISBN 3-12-065502-3
© SPIEGEL-Verlag, Hamburg,
Ernst Klett Schulbuchverlag Leipzig,
Leipzig, Februar 2004

**Umschlagbilder:**

Vorn: AP; Die entführte Boeing 767 der United Airlines fliegt in den Südturm des World Trade Center in New York; hinten: Agostino Pacciani / Agentur Anzenberger; Graffiti im Gaza-Streifen

**DAS PHÄNOMEN DES TERRORISMUS** ist keineswegs neu. Bereits in der Antike philosophierten griechische und römische Denker über die Legitimation des Tyrannenmordes. Im Russland des 19. Jahrhunderts vertrat der Anarchist Michail A. Bakunin die Auffassung, dass die „Lust an der Zerstörung auch ein schöpferischer Drang" sei. Und in den siebziger Jahren des letzten Jahrhunderts bekämpfte die Rote Armee Fraktion das politische System der Bundesrepublik mit mörderischen Anschlägen.

Die Angriffe vom 11. September 2001 in New York und Washington stellten eine Zäsur dar. Der Begriff Terrorismus bekam eine neue, emotionale Bedeutung und der **KAMPF GEGEN DEN INTERNATIONALEN TERRORISMUS** eine völlig neue Dimension. Die amerikanische Regierung reagierte nach den Anschlägen umgehend und rüstete für den „Krieg gegen den Terrorismus". Präsident George W. Bush forderte die Unterstützung der internationalen Staatengemeinschaft, indem er bereits wenige Tage nach dem Anschlag verkündete: Entweder ihr seid auf unserer Seite, oder ihr seid auf der Seite der Terroristen.

Zwei Jahre danach opponierte das „alte Europa" gegen die USA. Vor allem Frankreich, Deutschland und Russland widersetzten sich einem Feldzug ohne Uno-Mandat gegen den von den USA zum „Terroristen" stilisierten Saddam Hussein, der die Welt angeblich mit Massenvernichtungsmitteln bedrohte. Der Krieg gegen den Irak führte zu einer schweren Krise der transatlantischen Beziehungen.

Das Unterrichtsmagazin „Terrorismus" analysiert vor allem den religiös motivierten „neuen Terrorismus" unserer Tage. Es beschreibt die Probleme einer eindeutigen Begriffsbestimmung und die Schwierigkeiten der Berichterstattung über Terrorakte. Darüber hinaus untersuchen die Autoren das komplexe Ursachengeflecht für religiös motivierte Attentate und präsentieren Vorschläge, wie die Staatengemeinschaft reagieren sollte. Exemplarisch werden außerdem historische Terror-Beispiele seit der Französischen Revolution vorgestellt.

Aus methodischen Gründen enthält das Unterrichtsmagazin Texte aus unterschiedlichen Quellen: Zeitungen, Zeitschriften, Büchern und Internet. Um die Medienkompetenz der Schülerinnen und Schüler zu stärken, wird bei einigen Texten auf die Fundorte der Langfassung im Internet verwiesen. Unter **WWW.SCHULE.SPIEGEL.DE** bietet ein Dossier weitere Informationen zum Thema. ●

SEBASTIAN BOLESCH / DAS FOTOARCHIV

**Nach den Anschlägen in New York und Washington legen die Menschen Blumen und Kerzen zum Zeichen ihrer Anteilnahme vor amerikanische Botschaften**

# INHALT

NASSER ISHTAYEH / AP

Mitglieder der Al-Aksa-Märtyrer-Brigaden, einer Miliz mit Kontakten zur Fatah-Bewegung Jassir Arafats

# I. Wahrnehmung unc

**TROTZ DER ALLTÄGLICHEN** massenmedialen Überflutung mit Katastrophen jedweder Art scheinen die Bilder des 11. September 2001 auf eine rätselhafte Weise in unserem Bewusstsein zu haften.

Die Chronologie der schockierenden Ereignisse jenes Tages bewegt sich in einem Zeitfenster von weniger als zwei Stunden:

Um 8.45 Uhr Ortszeit (14.45 Uhr MEZ) rast ein Flugzeug (Flug AA 11 aus Boston) in den Nordturm des World Trade Center (WTC) im Süden von Manhattan, New York.

Um 9.03 Uhr, nur 18 Minuten später, fliegt eine ebenfalls aus Boston kommende Maschine (Flug UA 175) in den Südturm des WTC.

Um 9.38 Uhr schlägt ein Flugzeug (Flug AA 77) in die südwestliche Seite des Pentagons in Washington D. C. ein.

Um 10.05 Uhr bricht der erste der beiden über 400 Meter hohen Türme des WTC in sich zusammen.

Um 10.06 Uhr stürzt eine vierte entführte Maschine in der Nähe von Shanksville, Pennsylvania, ab. Ihr Ziel war vermutlich das Weiße Haus in Washington D. C.

Um 10.28 Uhr sackt auch der zweite Turm des WTC in sich zusammen.

**DAS UNBESCHREIBLICHE** zu beschreiben versucht die Schriftstellerin Kathrin Röggla. Sie war am 11. September nur etwa einen Kilometer vom World Trade Center entfernt. Ihr Text ist ein Versuch, umgeben von irritierender Sprachlosigkeit und leerer Rhetorik, einen Überblick über das Geschehene zu bekommen.

Wie reagierten die Medien als zentrales Instrument öffentlicher Wahrnehmung und Urteilsbildung? Eine ganz entscheidende Frage ist in diesem Zusammenhang: Wie wirkten die in den Medien präsentierten Berichte, Meinungen oder Bildersequenzen auf die breite Öffentlichkeit? Welche mehr oder minder subtilen Mechanismen der Beeinflussung – von einer scheinbar neutralen Berichterstattung bis hin zu unterschiedlichen Formen der Manipulation – waren zu beobachten?

Christian Schicha wertete die englische, amerikanische und deutsche Presse aus. Er vermisst in den meisten Fällen eine reflektierende Hintergrundberichterstattung nach dem 11. September.

# Beschreibung

New York am 11. September 2001: Der zweite Turm des
World Trade Center stürzt ein

Carsten Brosda meint, dass im Zusammenhang mit der Berichterstattung über den 11. September die Journalisten ihrer Aufgabe, den Medienkonsumenten ein gewisses Maß an Orientierung zu bieten, nicht in ausreichendem Maße nachgekommen seien. Die „starken Bilder", die Übertragung des schier Unfassbaren in Echtzeit verhinderten weitgehend eine angemessene erste Reflexion des Wahrgenommenen.

**WIE LÄSST SICH DAS ALLES** begrifflich fassen? Gibt es die Möglichkeit einer konsensfähigen Definition von Terrorismus? Besonders aus zwei Gründen scheint das schwierig zu sein:

Zum einen ist mit diesem Begriff ein äußerst komplexes politisches Phänomen angesprochen, das sich auf Grund seiner vielfältigen und wechselnden Ausdrucksformen einer exakten und endgültigen Definition entzieht.

Außerdem handelt es sich beim Wort Terrorismus nicht nur um einen wissenschaftlichen Fachbegriff, sondern auch um einen politischen Kampfbegriff. Es fällt daher schwer, die Expertendiskussion völlig vom politischen Standort des Diskutierenden zu trennen.

Die Texte von Michael Walzer und Erhard Eppler stellen unterschiedliche Ansätze dar, das Definitionsproblem befriedigend zu lösen.

Was für eine begrifflich präzise Beschreibung des Terrorismus von größter Wichtigkeit zu sein scheint, ist seine medial vermittelte Wahrnehmung durch die breite Öffentlichkeit. Die Ereignisse vom 11. September wurden zu *dem* Medienereignis mit den bis dahin meisten Zuschauern in der Fernsehgeschichte. Auch in Deutschland waren die Resonanz der Medien und das öffentliche Interesse überwältigend. Am 11. September sind fast 70 Prozent der bundesdeutschen Bevölkerung ab 16 Jahren innerhalb einer Stunde über die Anschläge informiert gewesen.

**F. J. RÖLL UNTERSUCHT** die Macht der inszenierten Bilder. Sie bieten – so sein Urteil – erschreckende Potenziale der öffentlichen Beeinflussung. Er plädiert dafür, sich vor allem auch mit den aus strategischen Motiven heraus produzierten Bildern kritisch auseinander zu setzen. ●

KATHRIN RÖGGLA

# Der 11. September ...

DER 11.SEPTEMBER
IN SCHLAGZEILEN
Die englische und
amerikanische Presse wählte
knappe Schlagzeilen, die
Katastrophe zu dokumentie-
ren: „War on America" stand
auf der ersten Seite vom „The
Daily Telegraph" am Tag nach
den Anschlägen.
Die „Times" wählte den Titel
„War Comes to America".
Die Zeitung „The Advocate"
bezeichnete die Terror-
anschläge als „American
Nightmare".
Der „Mirror" betonte die
globale Dimension der
Attentate durch die Schlag-
zeile „War Against the
World".
„USA-Today" schrieb vom
„Act of War" und „U.S. Under
Attack".
Das Blatt „Orlando Sentinel"
gelangte zu der Feststellung:
„Today, Our Nation Saw Evil."
Weitere amerikanische
Tageszeitungen beschränk-
ten sich in Titelüberschriften
auf Ein-Wort-Überschriften
wie „Bastards", „Attacked",
„Terror" oder „Terrifying".
In der deutschen
Zeitungslandschaft waren am
12. 9. 2001 ähnliche
Schlagzeilen zu lesen:
Die „Welt" schrieb vom
„Terrorangriff auf das Herz
Amerikas".
Die „Berliner Morgenpost"
wählte den Titel
„Angriff auf Amerika".
Der „Berliner Kurier" sah
„Die Welt in Angst".
Die deutsche Ausgabe der
„Financial Times" gelangte
zu dem Vergleich „Das ist ein
zweites Pearl Harbor".
Das Boulevardblatt „B.Z." ▶

EINEN TOWER HABEN WIR hier eben brennen und einstürzen sehen, circa einen Kilometer entfernt von unserem Platz an der Ecke Houston/ Wooster Street mit ziemlich guter Perspektive auf das, was man euphemistisch „Geschehen" nennen könnte und was doch weitaus zu groß zu sein scheint, um es irgendwie integrieren zu können in eine vorhandene Erlebnisstruktur.

Ja, da unten sehe ich mich stehen, wie ich für einen Augenblick nicht mehr in meinem wirklichen Leben vorhanden bin, denn ich sehe nicht nur mich, ich sehe auch einen Film. Der Film heißt: „you can really see it melting". Das verrät mir die junge Frau aus dem 22nd floor mit tonloser Stimme und meint damit den Tower. Sie findet es total krank, dass die Leute Fotos davon machen. „I can't believe it! They are taking pictures of a catastrophe!" Ich nicke und werde bald genau zu den Leuten gehören, die wahllos losfotografieren – doch jedem seine Strategie, damit klarzukommen, moralische Urteile auf dieser Ebene scheinen heute disfunktional. Nun, es stehen tatsächlich eine Menge fotografierender und filmender Leute herum ...

Als der zweite Tower explodiert ... fallen Ton- und Bildschiene entschieden auseinander in ihrer psychischen Wirkung, und wieder ist es die cineastische Metapher, die man in den kleinen Gesprächen zwischen den herumstehenden Menschen in der Bleecker Street ständig bemüht. Gespräche, die man führt, um sich in seine Wahrnehmung wieder einzubinden, sich einer Realität zu versichern in kleinen kommunikativen Gesten voller Redundanzen und Wiederholungen. Trotzdem wird das Geschehene dafür nicht nur weitaus zu groß sein, es fehlen bald auch die politischen und historischen Kategorien, es in einem größeren Zusammenhang zu beschreiben und zu situieren.

Später laufe ich meinem wirklichen Leben schon etwas hinterher durch Greenwich Village Richtung Hudson River. Weg von dem Rauch, hinaus ins vermeintliche „Freie", ans Wasser, und man kann mich inzwischen ruhig unter die „picture taking perverts" einreihen, wobei mir das Fotografieren nicht wirklich gelingt. Es bleibt eine leere Geste, nichts wird darauf zu sehen sein. Zumindest nicht dieser Mitdreißiger, den ich sofort als Vietnam-Veteran beschreiben würde, wäre er nicht zu jung dazu. Er regelt auf der Kreuzung Seventh Greenwich Avenue den Verkehr. Einen Geister-

verkehr, wie ich feststellen muss, denn er schreit Autos an, die es nicht gibt, winkt sie durch. Und wenn diese Geste doch einmal auf ein real existierendes Auto trifft, scheint er es gar nicht zu bemerken. Es sind militärische und zugleich panische Gesten, die ihn vollkommen besetzt halten. Später werde ich noch zwei dieser zivilen Fanatiker kennen lernen, die sich in diesen Ritus des Verkehrsregelns retten. Ein eigenartiges amerikanisches Phänomen, aber vielleicht meinem Fotografieren verwandt. Ansonsten relativ wenig Durchgeknallte auf der Straße. Einen kleinen Mann sehe ich direkt bei einer Ampel stehen. Er scheint sich was zu erklären, während es rot wird, während es grün wird, während es rot wird und blinkt. Auch davon gibt es einige. Doch die meisten wirken einfach wie stillgestellt. Man findet sich in Gruppen zusammen vor kleinen Geschäften, vor die TV-Geräte postiert wurden oder Radiolautsprecher, in einer Gefasstheit, die etwas deplatziert wirkt. Der Katastrophentourismus wird erst am zweiten Tag einsetzen, es kommt einem auch einfach nicht der Gedanke, dahin zu gehen, zu „Ground Zero", „really Ground Zero", dieser Mischung aus Todeszone, nuclear fall out area und Mondlandschaft, die im Fernsehen nicht abbildbar zu sein scheint. Sie wirkt wie überbelichtet, seltsam flächig, denn dieses bräunliche Weiß schluckt alle Kontraste, kassiert die räumliche Tiefe, zementiert das Bild in Monochromie.

Immer noch versuchen alle zu telefonieren. Jeder Zweite hält in einer Mischung aus Lethargie und Hektik ein Handy am Ohr, vergebens, nur selten kommt jemand durch – Handys waren an diesem Tag auch überall: in den entführten Maschinen, im World Trade Center während der Katastrophe, und auch jetzt noch kommunizieren die im Schutt Eingeschlossenen via Handy mit den Rescue-Leuten. Sie scheinen die einzigen Werkzeuge der „individuals" zu sein, die wir geworden sind in der Sprache der Einsatzleitung, und man klammert sich obsessiv daran. ●

*Kathrin Röggla: Really ground zero – 11. September und Folgendes.*
*Frankfurt: Fischer, 2001, S. 6ff. (Kathrin Röggla war am 11. September*
*nur etwa einen Kilometer vom World Trade Center entfernt.)*

**KATHRIN RÖGGLA**, 32, ist Schriftstellerin in Berlin.

CARSTEN BROSDA

# Journalismus überfordert?

DER JOURNALISMUS wurde am 11. September 2001 einer Vermittlungsaufgabe augenscheinlich nicht gerecht. Allerdings liegt dies wohl kaum am konkreten Versagen einzelner journalistisch Handelnder als vielmehr an den strukturellen Rahmenbedingungen vor allem des Mediums Fernsehen, das keine Handlungsspielräume zu einer orientierenden Bearbeitung des Geschehens eröffnete. Man kann rückblickend nur spekulieren, inwiefern Journalisten in den ersten Stunden nach dem Ereignis überhaupt in der Lage gewesen wären, ihre im Prinzip der Öffentlichkeit begründete Aufgabe der Orientierung in komplexen

Live-Bild von CNN vom 11. September 2001

Situationen zu erfüllen; die Anforderungen an die Kommentierung des Unfassbaren sind wahrscheinlich ebenso unfassbar. Für Virilio jedenfalls hat die „simultane Abbildung einer Katastrophe ... nichts mit Information zu tun".

Die Journalisten hatten nicht die Möglichkeit, in ihrer Berichterstattung ein Fundament zu schaffen, auf dem eine kommunikative Beziehung zum Publikum aufgebaut werden konnte. Sie konnten den Bildern keinen Rahmen geben, der sie verarbeitbar und verhandelbar machte. Sie konnten zwischen der Realität, den Bildern und den Rezipienten nicht vermitteln, sondern standen dem Geschehen ebenso fassungslos und sprachlos gegenüber wie ihre Zuschauer auch. Im Moment der totalen Aktualität war dem Realgeschehen nicht mehr beizukommen – die Vermittlungsform war – wenn auch alternativlos – letztendlich unangemessen.

In der Tat waren die Bilder so archetypisch simpel und zugleich symbolisch aufgeladen, dass sie der weiteren Reduktion von Komplexität ebenso wenig bedurften wie der zusätzlichen Symbolisierung. Stattdessen hätte die hinter der spektakulären Oberfläche liegende Komplexität aufgezeigt werden müssen – Verantwortlichkeiten, Ziele, Reaktionen. Was wurde in diesen Bildern verdichtet? Worauf verwiesen sie? Wer steckt hinter dem grausamen Geschehen? Doch Informationen dieser Art waren nicht vorhanden. Die Zeit der Suche nach Antworten wurde mit der hämmernden Repetition der Bilder überbrückt. Wo geschwiegen wurde und geschwiegen werden sollte, da sprachen die Bilder weiter. Erst dadurch bekam das Ereignis seinen unmittelbar historischen Charakter, wurde jedem Rezipienten der Gehalt einer Epochenwende bewusst, die vielleicht nur deshalb stattgefunden hat, weil ihr vermeintlicher Auslöser so oft gezeigt wurde.

Baudrillard hat daher darauf hingewiesen, dass wir von den Ereignissen des 11. September vor allem die Sicht der Bilder zurückbehalten werden. Und er fordert dazu auf, dass wir „ ... diese Prägnanz der Bilder, ihre Faszination bewahren, denn sie sind, ob wir es wollen oder nicht, unsere Urszene". Die schrecklichen Bilder, so der französische Medienphilosoph, haben das Verhältnis von Bild und Realität radikalisiert, sie ragen aus der Masse banaler Bilder und Pseudoereignisse hervor. Diese scheinbar radikale Authentizität der Bilder, die das tatsächliche Geschehen doch nur ahnen lassen, haben den Journalismus für einen Moment überwältigt und sprachlos gemacht. Sie passten so sehr in das mediale Raster, dass sie kaum mehr verarbeitbar waren. Sie wurden einfach gesendet – wieder und wieder. Für einige Stunden hat der Fernsehjournalismus am 11. September 2001 vor seinen eigenen, durch die Logik der Massenmedien geprägten Verarbeitungs- und Vermittlungsroutinen kapituliert. ●

*Carsten Brosda: Sprachlos im Angesicht des Bildes. In: Christian Schicha u. a. (Hg.), Medien und Terrorismus. Münster: LIT, 2002, S. 70f.*

**CARSTEN BROSDA** ist Redakteur der „Zeitschrift für Kommunikationsökologie".

▶ gelangte bereits einen Tag nach dem „Krieg gegen Amerika", zu der (falschen) Prognose, dass „Zehntausende Tote" zu beklagen seien. Eine reflektierte Hintergrundberichterstattung blieb jedoch zunächst in den meisten Fällen in den Tagen nach den Anschlägen aus. Dabei ließ sich ein Teil der amerikanischen Medien nach dem 11. September 2001 sogar als Sprachrohr der Regierung instrumentalisieren. Bereits kurz nach den Anschlägen wurde von der US-Regierung der „Kampf gegen den Terrorismus" gegen die Taliban-Regierung in Afghanistan ausgerufen.

*Christian Schicha: Terrorismus und symbolische Politik. In: ders. u.a. (Hg), Medien und Terrorismus. Münster: LIT, 2002, S. 95f.*

**CHRISTIAN SCHICHA**, 39, ist Vorstandssprecher am Institut für Informations- und Kommunikationsökologie der Universität Duisburg.

MICHAEL WALZER

# Was ist Terrorismus?

**MICHAEL WALZER,**
69, ist Sozialwissenschaftler
und arbeitet am Institute for
Advanced Study der School
of Social Science in
Princeton/New Jersey.

DAS ZU ERKENNEN stellt [uns] nicht vor ein Problem. Wir können getrost alle postmodernen Argumente über Wahrheit und Erkenntnis ignorieren. Terrorismus ist das bewusste Töten Unschuldiger, die zufällig am falschen Ort sind, um einer ganzen Bevölkerung Furcht einzujagen und ihre Regierungen unter Druck zu setzen. Diese Definition trifft am ehesten auf den Terrorismus einer revolutionären oder einer nationalen Befreiungsbewegung zu (auf die Irisch-Republikanische Armee, die Nationale Befreiungsfront Algeriens, die Palästinensische Befreiungsorganisation, die baskische Eta etc.). Wir kennen auch den Staatsterrorismus, der für gewöhnlich von diktatorischen und totalitären Regierungen gegen ihr eigenes Volk eingesetzt wird, um Furcht zu verbreiten und eine politische Opposition im Keim zu ersticken ... Und schließlich gibt es den Terrorismus im Krieg: Die Anstrengung, Zivilisten in so großer Zahl zu töten, dass ihre Regierungen zur Kapitulation gezwungen sind. Der klassische Fall scheint mir Hiroshima zu sein. All diesen Formen ist gemeinsam, dass Menschen zur Zielscheibe werden, die sowohl im militärischen wie politischen Sinn zu den Nichtkombattanten zählen: Es sind keine Soldaten, keine Staatsbeamten, nur ganz gewöhnliche Leute. Und sie kommen nicht zufällig im Laufe von Handlungen ums Leben, die ein anderes Ziel haben: Sie werden mit Absicht getötet.

Ich lehne die Vorstellung, dass „des einen Terrorist des anderen Freiheitskämpfer" ist, entschieden ab. Natürlich wird über die Verwendung des Ausdrucks gestritten, das trifft jedoch auf viele andere politische Begriffe auch zu. Die Verwendung von „Demokratie" etwa ist umstritten, aber dennoch haben wir meiner Ansicht nach eine recht gute Vorstellung davon, was Demokratie ist (und was nicht). Als das kommunistische Bulgarien sich eine „Volksdemokratie" nannte, ließen nur Dummköpfe sich davon täuschen. Ähnlich liegt der Fall beim Terrorismus. Als in den sechziger Jahren ein Mitglied der FLN eine Bombe in einem Café legte ... und sich dann einen Freiheitskämpfer nannte, ließen sich nur Dummköpfe täuschen. Damals gab es eine Menge Dummköpfe, und damals, in den sechziger und siebziger Jahren, wurde auch die Kultur der Entschuldigung und Apologie geboren ...   ●

*Michael Walzer: Erklärte Kriege – Kriegserklärungen. Essay. Hamburg:
Europäische Verlagsanstalt, 2003, S. 158f.*

## Terrororganisationen

**Al-Qaida
(Die Basis)**
Radikal-islamistische Organisation ohne hierarchisch durchkomponierte Strukturen mit weltweit autonom arbeitenden Gruppen.
Seit 1998 firmiert das Netzwerk unter Führung von Osama Bin Laden unter dem Namen „Internationale Islamische Front für den Heiligen Krieg gegen Juden und Kreuzzügler".
► Anschläge auf Personen und Einrichtungen der USA und deren Verbündete

**Hamas**
Islamistische Widerstandsbewegung. Ableger der 1928 in Ägypten gegründeten radikalislamistischen Muslimbruderschaft. 1987 im Gaza-Streifen aus einem Zentrum für karitative und religiöse Aufgaben hervorgegangen.
**Ziel:** Errichtung eines islamischen Staates ohne territoriale Kompromisse

**Islamischer Dschihad**
Radikalislamische und militante Gruppe aus dem Umfeld der Muslimbrüder.
► Selbstmordanschläge gegen militärische und zivile Einrichtungen der Israelis
**Ziel:** Errichtung eines islamischen Staates ohne territoriale Kompromisse

**Aksa-Brigaden**
Traten erstmals im Juni 2001 in Erscheinung, gehören zur Fatah von Palästinenserpräsident Jassir Arafat.
► Selbstmordanschläge

**Hisbollah (Partei Gottes)**
Gegründet 1982 im Libanon als Reaktion auf die israelische Invasion. Mit Unterstützung aus Iran Raketenangriffe auf Israel und Entführungen israelischer Soldaten.

**Islamische Bewegung Usbekistans**
Gegründet 1999 in Usbekistan zum Sturz des dortigen autoritären Präsidenten Karimow. Heute ist die Gruppe militanter Islamisten vor allem in Kirgisien und Tadschikistan aktiv.
► Autobombenanschläge, stoßtruppartige Überfälle und Entführungen von Ausländern
**Ziel:** Die Errichtung eines islamistischen Staates in Zentralasien, der auch Gebiete in Kasachstan, Turkmenistan und sogar China umfasst

ERHARD EPPLER

# Terrorismus als Methode

WER ETWAS BENENNT, interpretiert und wertet. Wer wertet, bereitet Entscheidungen vor, ja, er nimmt sie manchmal sogar vorweg.

Gibt es einen Terrorismus, wie es einen Kommunismus, einen Anarchismus, einen Antisemitismus gab und gibt? Wo in der Politik von „Ismen" die Rede ist, vermuten wir eine Ideologie, ein Gebäude aus Wertungen und Abwertungen, aus Urteilen und Vorurteilen. Der Terror jedoch ist keine Ideologie, sondern eine Methode. Terroristen können aus sehr verschiedenen Lagern kommen. Die Ideologie der Baader-Meinhof-Bande war eine ganz andere als die der Eta im Baskenland, und Bin Laden fühlt sich den irischen Terroristen weder verwandt noch verbunden. Schon wenn wir vom „Terrorismus" reden, als sei dies ein einziger, einheitlicher, fassbarer und besiegbarer Feind, verfehlen wir die Wirklichkeit.

Terror ist die Methode, Macht auszuüben durch Verbreitung von Angst und Schrecken. Das 20. Jahrhundert hat wie keines zuvor Staatsterror erlebt. Als Hitler am 30. Juni 1934 nicht nur Dutzende von SA-Führern erschießen ließ, sondern auch Menschen, die mit der SA gar nichts zu tun hatten, etwa den ehemaligen Reichskanzler Schleicher samt seiner Frau, da ging es vielen Deutschen kalt über den Rücken: Das kann jetzt jedem zustoßen. Als Stalin zwei Drittel der Mitglieder des kommunistischen Zentralkomitees umbringen ließ, war keiner mehr seines Lebens sicher. Staatsterror verwandelte das staatliche Gewaltmonopol in ein Mordmonopol.

Fällt im 21. Jahrhundert das Wort „Terror" oder „Terrorismus", so denken wir gewöhnlich nicht an überbordende, gesetzlose Staatsgewalt, sondern an eine Gewalt, die sich wohl häufig gegen Staaten wendet, aber nicht von Staaten ausgeht. Bin Laden will keine staatliche Macht. Staatliche Herrschaft über das kleinste Territorium wäre für ihn nur hinderlich, denn sie würde ihn für Menschen verantwortlich und damit erreichbar, verletzbar machen. Bin Laden ist Millionenerbe, Drogenhändler, Börsenspekulant, Großunternehmer in der Schattenwirtschaft, dazu Hobbytheologe und Kommandeur, Kriegsherr im Sinne von Warlord. Er ist der Chef eines multinationalen Gewaltunternehmens, ein Gewalt-Multi. Nur weil er dies ist, weil er überall zuschlagen kann und nirgends zu fassen ist, kann er der Weltmacht USA mit Atomwaffen drohen – was kein Staat mehr wagen wird, dem das Leben seiner Bürger lieb ist.

Noch gegen Ende des 20. Jahrhunderts wurde nach jedem Attentat die Frage gestellt: Welcher Staat steckt dahinter: Libyen? Syrien? Iran? Heute wissen die Geheimdienste: Zum Terror braucht es keinen Staat, er ist privatisierte Gewalt ... ●

*Erhard Eppler: Was ist Terrorismus?*
*„du", Heft Nr. 736, Zürich 2003, S. 24*

ERHARD EPPLER, 77, der Vordenker der SPD, war unter anderem der Vorsitzende der Grundwertekommission der SPD.

...u Sayyaf
...ündung 1991, nach Abspaltung von der Moro
...ational Liberation Front (MNLF). Radikale
...amische Separatistentruppe, beheimatet auf
...n Süd-Philippinen.
...Für zahlreiche Entführungen, Morde und
...schläge verantwortlich

...freiungstiger von Tamil Eelam ( LTTE)
...mpfen seit 1983 für einen unabhängigen
...milen-Staat im Norden und Osten Sri Lankas.
...Seit 22. Februar 2002 gilt ein fragiler Waffen-
...lstand mit der Regierung.

...RC (Revolutionäre Streitkräfte Kolumbiens)
...64 gegründet als bewaffneter Arm der KP
...lumbiens, größte Guerilla-Organisation des
...ndes.
...Entführungen

...al IRA
...gründet 1997 in Nordirland als Reaktion auf
... Friedensbestrebungen der Original-IRA.
...War für den schlimmsten einzelnen Terrorakt in
...rdirland verantwortlich: Bei dem Autobomben-
...chlag in Omagh am 15. August 1998 starben
...Menschen, 220 wurden verletzt.

...59 als militante Abspaltung von den gemäßig-
...baskischen Nationalisten gegründet.
...: Bildung eines unabhängigen Baskenstaates

F. J. RÖLL

# Aktivierung des Schemas „Gut"

**GANZ IN DER TRADITION** der Personalisierung und der Mythisierung initiierte die amerikanische Regierung, personifiziert durch Bush, den Kampf gegen das Böse. „Wer nicht für uns ist, ist gegen uns." Mit dieser Formulierung wurde die Inszenierung des Konflikts zu einem mythischen Kampf unübersehbar. Bushs Beratern war offensichtlich nicht entgangen, dass das Konterfei von Bin Laden, ästhetisch gesehen, erheblich eindrucksvoller wirkt als sein eigenes. Bin Laden wirkt auf vielen Fotos wie ein ehrwürdiger Patriarch. Selbst die auf einigen Fotos aus seinen Kleidern herausschauende

**US-Präsident Bush mit der damaligen Beraterin Karen Hughes im Oval Office**

Kalaschnikow lässt auf Anhieb das hohe Maß an Bereitschaft zur Gewalt nicht erkennen. Demgegenüber wirkt Bush wie ein gealterter Pennäler.

Diese mutmaßliche Erkenntnis führte zu einer bewussteren Kontrolle der Bilder, die von Bush offiziell verbreitet wurden.

Bei meinem Belegfoto sitzt Präsident Bush hinter seinem Schreibtisch. Er liest gedankenversunken in einem Schriftstück. Mit der linken Hand hat er das Schriftstück angehoben, die rechte Hand ruht auf der Tischplatte. In seinen Fingern, leicht verdeckt durch das Blatt, ist ein Stift erkennbar. Der narrative Text teilt uns mit, Präsident Bush ist bei der Arbeit. Interessant ist das Arrangement und die Lichtführung. Bush sitzt vor einem Fenster. Die linke Kopfhälfte tangiert den rechten Rahmen

des Fensters. Hinter dem Fenster ist ein üppiger Laubbaum zu sehen. Das Licht kommt von oben links, wie dies an der Schattenbildung des rechten Vorhangs zu erkennen ist. Aus der linken Hand scheint ein Lichtschein zu kommen, der die Schriftstücke unterhalb der Hand erstrahlt. In der Brille von Bush bricht sich Licht, so dass auch die Brillengläser erleuchtet scheinen. So entstehen drei signifikante Lichtführungen.

In der christlichen Kultur steht Licht vor allem für das nicht darstellbare Göttliche und Heilige, für die Erkenntnis der Wahrheit, des wahren Gottes. In der heutigen Zeit, so insbesondere in der Popkultur, aber auch in der Politik, wird Licht als Symbol für Erkenntnis und Erleuchtung allgemein eingesetzt. Der Licht-Subtext lädt die Person Bush mit Erleuchtung auf und suggeriert, dass er in der Lage ist, aus den Kenntnissen der Schriften, wahr zu handeln und zu urteilen. Das Hintergrundlicht, das sich durch die Natur (Baum) bricht, könnte das Licht Gottes sein. Es erleuchtet die obere Rückenpartie von Bush. Die Erleuchtung der Brille ist ein Hinweis für die (über-)rationale Fähigkeit des Präsidenten, angemessene Entscheidungen zu fällen. Das Licht auf der Hand zeigt seine erleuchtete Handlungskompetenz. Die Dreieinigkeit von göttlicher, kognitiver und handlungsorientierter Kompetenz ist, dramaturgisch gesehen, an die christliche Trinität angelehnt. Links neben dem Schreibtisch ist die amerikanische Fahne drapiert. Sie repräsentiert das amerikanische Volk. Das amerikanische Volk steht somit hinter ihm. Nicht zufälligerweise steht bzw. hängt die Fahne links. Durch die Positionierung der Fahne im linken Bildfeld rückt der Kopf von Bush von der Mitte hin in eine Position, die in der Kunst Goldener Schnitt genannt wird. Dem Goldenen Schnitt (Verhältnis 3:5 oder 5:8) wird als Maßverhältnis universelle Bedeutung zugeschrieben, da er nicht nur in der Kultur, sondern auch in der Natur häufig vorkommt und seit Gedenken als Symbol für Harmonie Verwendung findet. ●

*F. J. Röll: Krieg der Zeichen. In: Christian Schicha u. a. (Hg.), Medien und Terrorismus. Münster: LIT, 2002, S. 122ff.*

F. J. RÖLL

# Aktivierung des Schemas „Böse"

**PARALLEL ZU DER AUFWERTUNG** von Bush ist eine visuelle Demontage von Osama Bin Laden festzustellen. Zuerst wurde der Archetyp des Patriarchenbonus zerstört. Bin Laden wurde seines Bartes und seines Turbans entledigt und in westliche Kleider gesteckt. Auf einem Bild ist er mit einem schwarzen Anzug, weißem Hemd sowie Fliege gekleidet und trägt eine Nickelbrille. Er hat einen Zwei-Tage-Bart, und sein Haar ist hellbraun und leicht meliert. Auf dem zweiten Bild trägt er wiederum einen Anzug, darunter ein gelbes Hemd mit goldfarbener Krawatte. Sein dunkelbrauner Hut mit schwarzer Schärpe, die Koteletten und der Oberlippenbart lassen eine südländische Person vermuten. Beim dritten Bild hat er nur noch ganz wenige Haare auf dem Kopf, einen Zwei-Tage-Bart und ist gekleidet mit einem Freizeithemd.

Alle drei Bildbeispiele vermitteln, uns steht ein ganz normaler Bürger gegenüber. Genau diesen Eindruck sollen die Fotos erwecken. Es soll vermutlich das „Schläfer-Syndrom" bei den Rezipienten ausgelöst werden. Ein normaler Mensch als Jagdziel ist glaubwürdiger, als die Jagd auf einen ehrwürdig aussehenden „Gotteskämpfer".

Bei meinen Recherchen bin ich auf eine Gegenüberstellung gestoßen, die Hinweis gibt auf die Aktivierung des Schemas „Böse" bei Bin Laden. Bush ist im Halbprofil zu sehen. Er blickt nach rechts. Sein Profil ist von hinten angestrahlt, so dass es eine Licht-Korona enthält. Er blickt zum Foto von Bin Laden. Bin Laden wird frontal gezeigt. Dessen Bild ist mit einem roten Filter unterlegt. Die Lichtgestalt, die Repräsentation des Guten, blickt auf Bin Laden, die Repräsentation des Bösen. Die rote Farbe soll die Assoziation Teufel auslösen. Das göttliche Licht wird gegen das teuflische Feuer inszeniert. Gut und Böse begegnen sich. In Mexiko bietet ein Händler im Internet Gesichtsmasken von beiden Protagonisten an. Wiederum ist deutlich in den Masken eine Glorifizierung von Bush und in der Maske von Bin Laden der Versuch einer Teufelsmaske zu erkennen. ●

*F. J. Röll: ebd., a. a. O., S. 125f.*

▶

*Stereotypen und Klischees. Sie werden durch ständiges Wiederholen kanonisiert und bekommen die Rolle von öffentlichen Sinn- beziehungsweise Schlüsselbildern, mit denen bestimmte Gefühle und Wertungen assoziiert werden. Es geht von ihnen also eine beträchtliche normierende Kraft aus. Untersuchen Sie, ob und inwieweit Bilder, die im Zusammenhang mit dem 11. September gemacht wurden, den Charakter von „Visiotypen" haben.*

**Osama Bin Laden, der „Repräsentant des Bösen" (in Afghanistan, undatiertes Foto)**

# II. Ein historisches Pl

**EIN BLICK AUF FRÜHERE „TERRORAKTE"** lässt die Qualität des gegenwärtigen Terrors deutlicher werden. Unser Bild der Gegenwart bekommt gewissermaßen eine historische Tiefenschärfe, und die verschiedenen Strukturmerkmale lassen sich untersuchen und beschreiben.

Die Geschichte bietet ein schier unerschöpfliches Arsenal an menschlichen Grausamkeiten. Schon in den altorientalischen Hochkulturen waren die Despoten und die grausamen Tyrannen weitgehend unberechenbar für den Hofstaat und die Untertanen. Bereits ihr Blick galt nicht selten als tödlich. So war es beispielsweise in der altkolumbianischen Kultur der Muisca üblich, Verbrecher zu einer letalen Ansicht des Machthabers zu verurteilen.

Erscheinungsformen und Strategien des systematischen Terrors – so scheint es – sind aber grundlegend modern. Es war die katholische Gegenreformation, die 1622 – durch die päpstliche Gründung der „Sancta Congregatio de Propaganda Fide" – das Wort „Propaganda" kreierte.

**DIE MODERNEN BEDEUTUNGEN** von „Propaganda" und „Terror" wurden jedoch erst während der Französischen Revolution festgelegt und exemplifiziert. Ein paar Wochen nach der „levée en masse", der Einführung allgemeiner Wehrpflicht am 23. August 1793, kam es zur Verabschiedung des „Gesetzes über die Verdächtigen" (am 17. September) und knapp einen Monat später zur Aufhebung der Verfassung. Danach begann die jakobinische Schreckensherrschaft, die in der „Grande Terreur" vom 10. Juni bis zum 27. Juli 1794 gipfelte.

In wenigen Wochen wurden mehr als tausend Todesurteile vollstreckt, und zwar auf Grundlage eines Gesetzes, das jeglichen Rechtsschutz des Individuums im Falle mutmaßlicher „Revolutionsfeindlichkeit" aus den Angeln hob. Zuletzt starben bekanntlich Robespierre und seine Anhänger selbst auf dem Schafott. An der Geschichte der „Grande Terreur" lässt sich die rasche Eskalationsspirale studieren, in der die Panik der Regierenden von wachsender Panik der Regierten gesteigert wird.

Georg Büchner hat in seinem 1835 geschriebenen Drama „Dantons Tod" Denken und Empfinden jener „Terroristen" der Französischen Revolution in beeindruckender Weise dargestellt. Er war

Französische Revolution: Satirisches Flugblatt aus dem Jahr 1793. Robespierre richtet eigenhändig als letztes Opfer den Henker hin

# nomen

bestrebt, kein Tendenzstück zu schreiben, sondern sich so nahe wie irgend möglich an die geschichtlichen Quellen zu halten.

Im Russland des 19. Jahrhunderts begegnet uns eine weitere historisch aufschlussreiche Variante terroristischen Denkens und Handelns. Die historische Konstellation – die wirtschaftlichen, politischen, sozialen und kulturell-ideologischen Verhältnisse – ist in manchen Punkten deutlich von jenen der radikalen Phase der Französischen Revolution zu unterscheiden.

Albert Camus hat in seinem 1949 uraufgeführten Schauspiel „Die Gerechten" gewisse Grenzen menschlichen Handelns dargestellt. Es zeigt, dass die Täter einer radikalen, einer „terroristischen" revolutionären Tat in ihren freiwilligen Tod einwilligen müssen, wenn sie um eines Ideals willen zu Mördern werden. Iwan Kaliajew verzichtet auf seine Begnadigung und will den Tod des von ihm ermordeten Großfürsten mit seiner eigenen Hinrichtung sühnen. Er begleicht eine Rechnung, Tod gegen Tod. Er führt lange Debatten über Gerechtigkeit, auch über die Frage, ob ein Attentat den zufälligen Tod unschuldiger Kinder in Kauf nehmen darf. Hier zeigen sich gewisse Unterschiede zu den Selbstmordattentätern unserer Tage.

**ALS DRITTE HISTORISCHE** Kontrastfolie wird RAF-Terrorismus exemplarisch herangezogen.

Nicht selten kommt es vor, dass Staaten auf terroristische Aktionen reagieren, indem sie selbst beginnen, in einem Klima allgemeiner Angst und Bedrohung Freiheitsrechte einzuschränken. So antwortete die Bundesrepublik Deutschland im düsteren Herbst des Jahres 1977 auf die RAF. Und so antworten heute die USA auf die September-Anschläge des Jahres 2001. Der Feind ist plötzlich überall, und wie in Kafkas Novelle „Der Bau" zeigt er seine Gefährlichkeit am eindringlichsten, sobald er sich gar nicht mehr zeigt.

Zu fragen wäre an dieser Stelle vor allem: Wo liegen neben gewissen strukturellen Parallelen die qualitativen Unterschiede zwischen jenem Terrorismus der siebziger Jahre in der Bundesrepublik Deutschland, der aus einer „Studentenrevolte" heraus entstand, und dem gegenwärtigen Terrorismus? ●

### GEORG BÜCHNER

# La Grande Terreur

**ROBESPIERRE:**

... Die Waffe der Republik ist der Schrecken, die Kraft der Republik ist die Tugend – die Tugend, weil ohne sie der Schrecken verderblich, der Schrecken, weil ohne ihn die Tugend ohnmächtig ist. Der Schrecken ist ein Ausfluss der Tugend, er ist nichts anders als die schnelle, strenge und unbeugsame Gerechtigkeit. Sie sagen, der Schrecken sei die Waffe einer despotischen Regierung, die unsrige gliche also dem Despotismus. Freilich! Aber so, wie das Schwert in den Händen eines Freiheitshelden dem Säbel gleicht, womit der Satellit des Tyrannen bewaffnet ist. Regiere der Despot seine tierähnlichen Untertanen durch den Schrecken, er hat recht als Despot; zerschmettert durch den Schrecken die Feinde der Freiheit, und ihr habt als Stifter der Republik nicht minder recht. Die Revolutionsregierung ist der Despotismus der Freiheit gegen die Tyrannei.

Erbarmen mit den Royalisten, rufen gewisse Leute. Erbarmen mit Bösewichtern? Nein! Erbarmen für die Unschuld, Erbarmen für die Schwäche, Erbarmen für die Unglücklichen, Erbarmen für die Menschheit! Nur dem friedlichen Bürger gebührt von Seiten der Gesellschaft Schutz.

In einer Republik sind nur Republikaner Bürger; Royalisten und Fremde sind Feinde. Die Unterdrücker der Menschheit bestrafen, ist Gnade; ihnen verzeihen, ist Barbarei ...

Wer in einer Masse, die vorwärts drängt, stehen bleibt, leistet so gut Widerstand, als trät' er ihr entgegen: Er wird zertreten.

Wir werden das Schiff der Revolution nicht auf den seichten Berechnungen und den Schlammbänken dieser Leute stranden lassen; wir müssen die Hand abhauen, die es zu halten wagt – und wenn er es mit den Zähnen packte!

Weg mit einer Gesellschaft, die der toten Aristokratie die Kleider ausgezogen und ihren Aussatz geerbt hat! ...

**ST. JUST:**

Es scheint in dieser Versammlung einige empfindliche Ohren zu geben, die das Wort „Blut" nicht wohl vertragen können. Einige allgemeine Betrachtungen mögen sie überzeugen, dass wir nicht grausamer sind als die Natur und als die Zeit. Die Natur folgt ruhig und unwiderstehlich ihren Gesetzen; der Mensch wird vernichtet, wo er mit ihnen in Konflikt kommt. Eine Änderung in den Bestandteilen der Luft, ein Auflodern des tellurischen Feuers, ein Schwanken in dem Gleichgewicht einer Wassermasse und eine Seuche, ein vulkanischer Ausbruch, eine Überschwemmung begraben Tausende. Was ist das Resultat? Eine unbedeutende, im großen Ganzen kaum bemerkbare Veränderung der physischen Natur, die fast spurlos vorübergegangen sein würde, wenn nicht Leichen auf ihrem Wege lägen.

Ich frage nun: Soll die geistige Natur in ihren Revolutionen mehr Rücksicht nehmen als die physische? Soll eine Idee nicht ebenso gut wie ein Gesetz der Physik vernichten dürfen, was sich ihr widersetzt? Soll überhaupt ein Ereignis, was die ganze Gestaltung der moralischen Natur, das heißt der Menschheit, umändert, nicht durch Blut gehen dürfen? Der Weltgeist bedient sich in der geistigen Sphäre unserer Arme ebenso, wie er in der physischen Vulkane und Wasserfluten gebraucht. Was liegt daran, ob sie an einer Seuche oder an der Revolution sterben?

Die Schritte der Menschheit sind langsam, man kann sie nur nach Jahrhunderten zählen; hinter jedem erheben sich die Gräber von Generationen. Das Gelangen zu den einfachsten Erfindungen und Grundsätzen hat Millionen das Leben gekostet, die auf dem Wege starben. Ist es denn nicht einfach, dass zu einer Zeit, wo der Gang der Geschichte rascher ist, auch mehr Menschen außer Atem kommen?

Wir schießen schnell und einfach: Da alle unter gleichen Verhältnissen geschaffen werden, so sind alle gleich, die Unterschiede abgerechnet, welche die Natur selbst gemacht hat; es darf daher jeder Vorzüge und darf daher keiner Vorrechte haben, weder ein Einzelner noch eine geringere oder größere Klasse von Individuen. – Jedes Glied dieses in der Wirklichkeit angewandten Satzes hat seine Menschen getötet. Der 14. Juli, der 10. August, der 31. Mai sind seine Interpunktionszeichen. Er hatte vier Jahre Zeit nötig, um in der Körperwelt durchgeführt zu werden, und unter gewöhnlichen Umständen hätte er ein Jahrhundert dazu gebraucht und wäre mit Generationen interpunktiert worden. Ist es da so zu verwundern, dass der Strom der Revolution bei jedem Absatz, bei jeder neuen Krümmung seine Leichen ausstößt?

Wir werden unserm Satze noch einige Schüsse hinzuzufügen haben; sollen einige hundert Leichen uns verhindern, sie zu machen? ●

*Georg Büchner: Dantons Tod. Stuttgart: Reclam, 2000, S. 15, 26, 43ff.*

**GEORG BÜCHNER,**
1813–1837,
war Sozialrevolutionär,
Naturwissenschaftler und
Dichter und gründete 1834
die „Gesellschaft für
Menschenrechte".

*AKG*

# Russischer Terrorismus

**DER „REVOLUTIONÄRE KATECHISMUS" VON S. NECAEV UND P. N. TKACEV** – Anleitung zur Technik und Organisation von terroristischen Verschwörungen 1870

§ 1 - Der Revolutionär ist ein Geweihter. Es gibt für ihn weder persönliche Interessen noch Geschäfte, Gefühle, Bindungen, er besitzt nichts, nicht einmal einen Namen. Sein Geist wird völlig in Anspruch genommen von einem einzigen, ausschließlichen Interesse, einem einzigen Gedanken, einer einzigen Leidenschaft: der Revolution.

§ 2 - Tief in seinem Innern, nicht nur mit Worten, sondern tatsächlich, hat er alle Bande gelöst zwischen sich und der bürgerlichen Ordnung und der ganzen zivilisierten Welt mit den Gesetzen, Konvenienzen, der Moral und den Konventionen, die allgemein in dieser Welt Gültigkeit haben. Er ist ihr unversöhnlicher Feind, und wenn er weiterhin in dieser Welt lebt, dann nur, um sie desto sicherer zu zerstören.

§ 3 - ... Er kennt nur eine einzige Wissenschaft: die Zerstörung. Dafür, und nur dafür, studiert er die Mechanik, Physik, Chemie ...

§ 4 - Er verachtet die öffentliche Meinung. Er verachtet und hasst die gegenwärtige gesellschaftliche Moral ganz instinktiv und bekundet dies in allem, was er tut. Moralisch ist für ihn alles, was den Sieg der Revolution unterstützt; unmoralisch, was sich ihr in den Weg stellt ...

§ 6 - Er ist streng gegen sich selbst und muss es auch gegen die anderen sein. Alle Gefühle der Zuneigung, die verweichlichenden Gefühle der Verwandtschaft, der Freundschaft, der Liebe, der Dankbarkeit müssen in ihm erstickt werden durch die einzige, kalte Leidenschaft für das revolutionäre Werk. Tag und Nacht darf er nur einen einzigen Gedanken, ein einziges Ziel haben – die unerbittliche Zerstörung. Während er dieses Ziel kaltblütig und unablässig verfolgt, muss er darauf vorbereitet sein, selbst umzukommen, und alle diejenigen, die ihn daran hindern, dieses Ziel zu erreichen, eigenhändig umbringen ...

§ 16 - ... Entscheidend ist einzig und allein der Nutzen, den der Tod einer bestimmten Person für das revolutionäre Werk haben soll. Ebenso müssen an erster Stelle die Männer vernichtet werden, welche am schädlichsten für die revolutionäre Organisation sind und deren gewaltsamer und jäher Tod die Regierung am meisten erschrecken und ihre Macht erschüttern kann, indem er sie tatkräftiger und kluger Vertreter beraubt ...

§ 22 - Die Assoziation hat kein anderes Ziel als vollständige Befreiung und das Glück des Volkes,

**Sturm auf den Winterpalast in Petrograd am 25. und 26. Oktober 1917 von J. I. Doschalyt**

NOWOSTI / ULLSTEIN BILD

das heißt der leidenden Menschen. Aber davon überzeugt, dass diese Befreiung und das Glück nur auf dem Wege einer alles zerstörenden Volksrevolution erreicht werden können, wird die Assoziation alle ihre Mittel und alle ihre Kräfte darauf verwenden, die Leiden und das Unglück zu vergrößern und zu vermehren, die schließlich die Geduld des Volkes erschöpfen und es zu einem Massenaufstand veranlassen müssen ...

§ 24 - ... Unsere Angelegenheit ist die schreckliche, totale, unerbittliche und allgemeine Zerstörung. ●

*„du", Heft Nr. 736, Zürich 2003, S. 45*

## ALBERT CAMUS
# Die Gerechten

**ALBERT CAMUS
DIE ZARTFÜHLEN-
DEN MÖRDER ...**

1878 ist die Geburtsstunde des russischen Terrorismus. Ein ganz junges Mädchen, Wera Sassulitsch, tötet am 24. Januar den General Trepow, Stadthauptmann von Petersburg ... Dieser Revolververschuss löst eine Sturzflut von Unterdrückungsmaßnahmen und Attentaten aus ... Der Nihilismus, eng verbunden mit der Bewegung einer enttäuschten Religion, vollendet sich so im Terrorismus. Durch Bombe und Revolver, auch durch den Mut, mit dem sie zum Galgen schritten, versuchte diese Jugend in einer Welt der totalen Verneinung aus dem Widerspruch herauszukommen und die Werte zu erschaffen, die ihnen fehlten. Bis dahin starben die Menschen im Namen dessen, was sie wussten oder zu wissen glaubten. Nunmehr nimmt man die schwierigere Gewohnheit an, sich für etwas zu opfern, von dem man nichts weiß, außer das eine: dass man sterben muss, damit es sei. Diejenigen, die vorher sterben mussten, vertrauten sich Gott an gegen die Gerechtigkeit der Menschen. Wenn man jedoch die Erklärungen der Verurteilten aus jener Zeit liest, ist man erstaunt, zu sehen, dass sie sich ausnahmslos gegen ihre Richter der Gerechtigkeit anderer Menschen anvertrauen, die noch kommen werden. Diese künftigen Menschen bleiben mangels höchster Werte ihre letzte ▶

**STEPAN:** Disziplin ist nötig. Das habe ich in der Gefangenschaft gemerkt. Die sozialrevolutionäre Partei braucht Disziplin. Dann werden wir den Großfürsten töten und die Tyrannei stürzen ... Ist die Proklamation aufgesetzt?
**ANNENKOW:** Ja. Ganz Russland wird erfahren, dass der Großfürst Sergej von der Kampfgruppe der sozialrevolutionären Partei durch eine Bombe hingerichtet worden ist, um die Befreiung des russischen Volkes zu beschleunigen. Der Zarenhof wird auch vernehmen, dass wir entschlossen sind, Terror zu üben, bis das Land dem Volk zurückgegeben wird. Ja, Stepan, ja, es ist alles bereit! Der Augenblick ist nahe.
**STEPAN:** Wer sind unsere Kameraden?
**ANNENKOW:** Woinow hast du in der Schweiz schon getroffen. Ich habe Vertrauen zu ihm, obwohl er sehr jung ist. Janek kennst du noch nicht.
**STEPAN:** Janek?
**ANNENKOW:** Kaliajew. Wir nennen ihn auch den Dichter.
**STEPAN:** Das ist kein Name für einen Terroristen.
**ANNENKOW** *lachend*: Janek behauptet das Gegenteil. Er versichert, Dichtung sei revolutionär.
**STEPAN:** Revolutionär ist nur die Bombe ...
*Die Klingel ertönt einmal. Sie warten und lauschen. Es läutet zweimal. Annenkow geht ins Vorzimmer und kehrt mit Woinow zurück.*
**WOINOW:** Stepan!
**STEPAN:** Guten Tag.
*Sie geben sich die Hand. Woinow tritt zu Dora und umarmt sie.*
**ANNENKOW:** Ist alles gut gegangen, Alexis? ...
**WOINOW:** Ich fühle mich unbehaglich.
**ANNENKOW:** Lass dich dadurch nicht aus der Fassung bringen.
**WOINOW:** Angst habe ich keine. Aber ich kann mich einfach nicht daran gewöhnen, mich zu verstellen.
**STEPAN:** Alle Leute verstellen sich. Gut lügen, darauf kommt es an.
**WOINOW:** Das ist nicht leicht. Als

ich noch Student war, lachten meine Kameraden mich aus, weil ich nicht zu heucheln verstand. Ich sagte immer geradeheraus, was ich dachte. Schließlich hat man mich von der Universität ausgeschlossen.
**STEPAN:** Warum?
**WOINOW:** In der Geschichtsvorlesung hatte der Professor mich gefragt, mit welchen Mitteln Peter der Große Sankt Petersburg erbaut habe.
**STEPAN:** Eine gescheite Frage.
**WOINOW:** Mit Blut und Peitsche, habe ich geantwortet. Daraufhin bin ich davongejagt worden.
**STEPAN:** Und dann?
**WOINOW:** Ich habe begriffen, dass es nicht genügt, das Unrecht an den Pranger zu stellen, sondern

Straßenkampf in Petrograd (17. Juli 1917) während der Russischen Revolution

dass man sein Leben hingeben muss, um es zu bekämpfen. Jetzt bin ich glücklich.

**STEPAN:** Obwohl du dich verstellst?

**WOINOW:** Gewiss, ich verstelle mich. Aber am Tag, da ich die Bombe werfe, werde ich aufrichtig sein ...

**KALIAJEW:** Wir töten, um eine Welt zu bauen, in der keiner mehr töten wird. Wir nehmen es auf uns, Verbrecher zu sein, damit die Erde endlich von Unschuldigen bewohnt wird.

**DORA:** Und wenn dem nicht so wäre?

**KALIAJEW:** Schweig! Du weißt genau, dass das nicht möglich ist. Dann hätte ja Stepan Recht. Und wir müssten der Schönheit ins Gesicht speien.

**DORA:** Ich bin schon länger bei der Organisation als du. Und ich weiß, dass nichts einfach ist. Aber du hast den Glauben ... Wir alle haben Glauben nötig.

**KALIAJEW:** Den Glauben? Nein. Ein Einziger hatte ihn.

**DORA:** Deine Seele ist stark. Du wirst dich durch nichts aufhalten lassen und nicht auf halbem Weg stehen bleiben. Warum hast du gebeten, die erste Bombe werfen zu dürfen?

**KALIAJEW:** Kann man von Terrorismus sprechen, ohne daran teilzunehmen?

**DORA:** Nein.

**KALIAJEW:** In der vordersten Reihe muss man stehen.

**DORA** *scheint zu überlegen:* Sicher. Es gibt die vorderste Reihe, und es gibt den letzten Augenblick. Daran müssen wir denken. In diesem Gedanken finden wir den Mut, die Begeisterung, die wir brauchen ... die du brauchst.

**KALIAJEW:** Seit einem Jahr denke ich an nichts anderes mehr. Für diesen Augenblick habe ich bis heute gelebt. Und jetzt weiß ich, dass ich an Ort und Stelle, an der Seite des Großfürsten, umkommen möchte. Mein Blut vergießen bis zum letzten Tropfen ... oder aber von der Stichflamme der Explosion mit einem Schlag verzehrt werden, so dass nichts zurückbleibt. Verstehst du, warum ich mich darum bewarb, die Bombe zu werfen? Für die Idee zu sterben, ist die einzige Art, ihrer würdig zu sein. Das ist die Rechtfertigung.

**DORA:** Auch ich wünsche mir einen solchen Tod.

**KALIAJEW:** Ja, das ist wahrlich ein beneidenswertes Glück. Nachts wälze ich mich zuweilen auf meinem Hausiererstrohsack, weil der Gedanke mich quält, dass sie Mörder aus uns gemacht haben. Aber gleichzeitig denke ich, dass ich dabei sterben werde, und dann findet mein Herz wieder Frieden. Dann lächle ich und schlafe ein wie ein Kind.

**DORA:** Das ist gut so, Janek. Töten und sterben. Aber in meinen Augen gibt es ein noch größeres Glück. *Pause. Kaliajew betrachtet sie. Sie senkt den Blick.* Das Schafott.

**KALIAJEW** *fiebrig:* Auch daran habe ich gedacht. Im Augenblick des Attentats zu sterben hat etwas Unvollendetes. Zwischen dem Attentat und dem Schafott dagegen liegt eine ganze Ewigkeit, die einzige vielleicht, die dem Menschen gewährt ist.

**DORA** *fasst seine Hände, mit eindringlicher Stimme:* Das ist der Gedanke, der dir helfen muss. Wir zahlen mehr, als wir schuldig sind ...

*Albert Camus: Die Gerechten. In ders., Dramen. Reinbek bei Hamburg: Rowohlt, 1999, S. 190ff.*

CAMERA PRESS / PICTURE PRESS

FRIEDRICH RAUCH / INTERFOTO

**ALBERT CAMUS,** 1913–1960, war Schriftsteller und erhielt 1957 den Nobelpreis für Literatur.

▶ Zuflucht. Die Zukunft ist für Menschen ohne Gott das einzige Jenseits. Ohne Zweifel wollen die Terroristen zuerst zerstören, den Absolutismus unter dem Schock der Bomben ins Wanken bringen. Aber durch ihren Tod zumindest trachten sie danach, eine Gemeinschaft der Gerechtigkeit und der Liebe neu zu erschaffen und damit eine Sendung wieder aufzunehmen, die die Kirche verraten hat. Die Terroristen wollen im Grunde genommen eine Kirche gründen, aus welcher eines Tages der neue Gott hervorgehen wird. Aber ist das alles? Wenn ihre freiwillige Anerkennung der Schuld und des Todes nichts anderes hervorbrachte als das Versprechen eines künftigen Wertes, so erlaubt uns die Geschichte heute, wenigstens für den Augenblick, zu behaupten, dass sie umsonst gestorben sind und nie aufhörten, Nihilisten zu sein ...

*Albert Camus: Der Mensch in der Revolte. Reinbek bei Hamburg: Rowohlt, 1974, S. 134f.*

**ANREGUNGEN FÜR DEN UNTERRICHT**

**1.** *Entwickeln Sie aus dem Text Georg Büchners die spezifischen Merkmale und Qualitäten des Terrorismus der Französischen Revolution („La Grande Terreur").*

**ULRIKE MEINHOF,**
**1934 – 1976,**
**war Journalistin und Mitglied der Rote Armee Fraktion.**

*Berücksichtigen Sie dabei auch die historischen Umstände, die Absichten und Ideen der Akteure und die Wahl ihrer Mittel.*

**2.** *Welches typische Bild eines Terroristen liegt dem „Revolutionären Katechismus" zu Grunde?*

**3.** *Wie versuchen die russischen Terroristen in Albert Camus' Theaterstück ihrem eigenen Opfertod Sinn zu geben?*

**4.** *Vergleichen Sie deren Argumentation mit den* ▶

ULRIKE MEINHOF

# Apo und RAF

**DER KNALL**, der die studentische und die außerparlamentarische Opposition in die internationale wie gutnachbarliche, in die große und kleine Öffentlichkeit katapultierte, kam von dem Schuss gegen Benno Ohnesorg am 2. Juni 1967 in Berlin. Seitdem nimmt die Weltpresse von ihnen Notiz, und sie sind Gesprächsgegenstand am Abendbrottisch, seitdem machen sie Schlagzeilen und erzeugen Familienkräche.

Endlich gibt es wieder Generationenkonflikte, Konflikte zwischen Männern und Frauen, Meinungsgegnern. Freunden und Feinden. Endlich wird nicht mehr alles Ärgerliche vertuscht, alles Peinliche verschwiegen ...

Nicht Arbeitskämpfe haben diese Gereiztheit erzeugt, sondern studentische Aktionen: Sie haben bewirkt, dass die tatsächlich vorhandenen Widersprüche in dieser Gesellschaft wieder kenntlich geworden sind ... Konflikte werden sichtbar, persönliche Konflikte können zunehmend als gesellschaftlich verursacht, als Ausdruck gesellschaftlicher Konflikte begriffen werden.

*Nicht der Mörder, der Ermordete ist schuldig.*

Die Sache begann am 2. Juni weltöffentlich zu werden. Durchaus am 2. Juni schon schieden sich die Geister. Schon die Kommentare zum 2. Juni enthielten und enthüllten jene Abwehrmechanismen und Verschleierungsmodelle, mit denen seither diejenigen arbeiten, die kein Interesse daran haben, dass gesellschaftliche Konflikte sichtbar werden. Dass Konflikte sichtbar werden, liegt in der Regel im Interesse derer, die unter ihnen leiden. Dass sie verschleiert bleiben, muss das Interesse derer sein, die davon profitieren, die sich dabei ganz wohl fühlen. ●

*Ulrike Meinhof: Deutschland, Deutschland unter anderem. Aufsätze und Polemiken. Berlin: Wagenbach, 1995, S. 130f.*

# Studentenrevolte

**GERADE WEIL DIE STUDENTENBEWEGUNG** von der konkreten Erfahrung des Widerspruchs zwischen der Ideologie der Freiheit der Wissenschaft und der Realität der dem Zugriff des Monopolkapitals ausgesetzten Universität ausging, weil sie nicht nur ideologisch initiiert war, ging ihr die Puste nicht aus, bis sie dem Zusammenhang zwischen der Krise der Universität und der Krise des Kapitalismus wenigstens theoretisch auf den Grund gegangen war. Bis ihnen und ihrer Öffentlichkeit klar war, dass nicht „Freiheit, Gleichheit, Brüderlichkeit", nicht Menschenrechte, nicht Uno-Charta den Inhalt dieser Demokratie ausmachen; dass hier gilt, was für die kolonialistische und imperialistische Ausbeutung Lateinamerikas, Afrikas und Asiens immer gegolten hat: Disziplin, Unterordnung und Brutalität für die Unterdrückten, für die, die sich auf deren Seite stellen, Protest erheben, Widerstand leisten, den antiimperialistischen Kampf führen.

Ideologiekritisch hat die Studentenbewegung nahezu alle Bereiche staatlicher Repression als Ausdruck imperialistischer Ausbeutung erfasst: In der Springer-Kampagne, in den Demonstrationen gegen die amerikanische Aggression in Vietnam, in der Kampagne gegen die Klassenjustiz, in der Bundeswehr-Kampagne, gegen die Notstandsgesetze, in der Schülerbewegung. Enteignet Springer!, Zerschlagt die Nato!, Kampf dem Konsumterror!, Kampf dem Erziehungsterror!, Kampf dem Mietterror! waren richtige politische Parolen. Sie zielten auf die Aktualisierung der vom Spätkapitalismus selbst erzeugten Widersprüche im Bewusstsein aller Unterdrückten, zwischen neuen Bedürfnissen und den durch die Entwicklung der Produktivkräfte neuen Möglichkeiten der Bedürfnisbefriedigung auf der einen Seite und dem Druck irrationaler Unterordnung in der Klassengesellschaft als Kehrseite.

Was ihr Selbstbewusstsein gab, waren nicht entfaltete Klassenkämpfe hier, sondern das Bewusstsein, Teil einer internationalen Bewegung zu sein, es mit demselben Klassenfeind hier zu tun zu haben wie der Vietcong dort, mit demselben Papiertiger, mit denselben Pigs. ●

*Ausgewählte Dokumente der Zeitgeschichte, Bundesrepublik Deutschland (BRD) – Rote Armee Fraktion (RAF). Köln: GNN Verlagsgesellschaft Politische Berichte, Oktober 1987*

# Das Konzept der Stadtguerilla

**WIR BEHAUPTEN,** dass die Organisierung von bewaffneten Widerstandsgruppen zu diesem Zeitpunkt in der Bundesrepublik und Westberlin richtig ist, möglich ist, gerechtfertigt ist. Dass es richtig, möglich und gerechtfertigt ist, hier und jetzt Stadtguerilla zu machen. Dass der bewaffnete Kampf als „die höchste Form des Marxismus-Leninismus" (Mao) jetzt begonnen werden kann und muss, dass es ohne das keinen antiimperialistischen Kampf in den Metropolen gibt.

Wir sagen nicht, dass die Organisierung illegaler bewaffneter Widerstandsgruppen legale proletarische Organisationen ersetzen könnte und Einzelaktionen Klassenkämpfe, und nicht, dass der bewaffnete Kampf die politische Arbeit im Betrieb und im Stadtteil ersetzen könnte. Wir behaupten nur, dass das eine die Voraussetzung für den Erfolg und den Fortschritt des anderen ist. Wir sind keine Blanquisten und keine Anarchisten, obwohl wir Blanqui für einen großen Revolutionär halten und den persönlichen Heroismus vieler Anarchisten für ganz und gar nicht verächtlich.

Unsere Praxis ist kein Jahr alt. Die Zeit ist zu kurz, um schon von Ergebnissen reden zu können. Die große Öffentlichkeit, die uns die Herren Genscher, Zimmermann & Co. verschafft haben, lässt es uns aber propagandistisch opportun erscheinen, schon jetzt einiges zu bedenken zu geben.

„Wenn ihr allerdings wissen wollt, was die Kommunisten denken, dann seht auf ihre Hände und nicht auf ihren Mund", sagt Lenin ...

Wenn es richtig ist, dass der amerikanische Imperialismus ein Papiertiger ist, das heißt, dass er letzten Endes besiegt werden kann; und wenn die These der chinesischen Kommunisten richtig ist, dass der Sieg über den amerikanischen Imperialismus dadurch möglich geworden ist, dass an allen Ecken und Enden der Welt der Kampf gegen ihn geführt wird, so dass dadurch die Kräfte des Imperialismus zersplittert werden und durch ihre Zersplitterung schlagbar werden – wenn das richtig ist, dann gibt es keinen Grund, irgendein Land und irgendeine Region aus dem antiimperialistischen Kampf deswegen auszuschließen oder auszuklammern, weil die Kräfte der Revolution dort besonders schwach, weil die Kräfte der Reaktion dort besonders stark sind ...

Das Konzept Stadtguerilla stammt aus Lateinamerika. Es ist dort, was es auch hier nur sein kann: die revolutionäre Interventionsmethode von insgesamt schwachen revolutionären Kräften.

Stadtguerilla geht davon aus, dass es die preußische Marschordnung nicht geben wird, in der viele so genannte Revolutionäre das Volk in den revolutionären Kampf führen möchten. Geht davon aus, dass dann, wenn die Situation reif sein wird für den bewaffneten Kampf, es zu spät sein wird, ihn erst vorzubereiten. Dass es ohne revolutionäre Initiative in einem Land, dessen Potenzial an Gewalt so groß, dessen revolutionäre Traditionen so kaputt und so schwach sind wie in der Bundesrepublik, auch dann keine revolutionäre Orientierung geben wird, wenn die Bedingungen für den revolutionären Kampf günstiger sein werden, als sie es jetzt schon sind – auf Grund der politischen und ökonomischen Entwicklung des Spätkapitalismus selbst.

Stadtguerilla ist insofern die Konsequenz aus der längst vollzogenen Negation der parlamentarischen Demokratie durch ihre Repräsentanten selbst, die unvermeidliche Antwort auf Notstandsgesetze und Handgranatengesetz, die Bereitschaft, mit den Mitteln zu kämpfen, die das System für sich bereitgestellt hat, um seine Gegner auszuschalten. Stadtguerilla basiert auf der Anerkennung der Tatsachen statt der Apologie von Tatsachen ...

Die Rote Armee Fraktion organisiert die Illegalität als Offensiv-Position für revolutionäre Intervention.

Stadtguerilla machen heißt, den antiimperialistischen Kampf offensiv führen. Die Rote Armee Fraktion stellt die Verbindung her zwischen legalem und illegalem Kampf, zwischen nationalem und internationalem Kampf, zwischen politischem und bewaffnetem Kampf, zwischen der strategischen und der taktischen Bestimmung der internationalen kommunistischen Bewegung. Stadtguerilla heißt, trotz der Schwäche der revolutionären Kräfte in der Bundesrepublik und Westberlin hier und jetzt revolutionär intervenieren!

Entweder sie sind ein Teil des Problems, oder sie sind ein Teil der Lösung. Dazwischen gibt es nichts. Die Scheiße ist seit Dekaden und Generationen von allen Seiten untersucht und begutachtet worden. Ich bin lediglich der Meinung, dass das meiste, was in diesem Lande vor sich geht, nicht länger analysiert zu werden braucht ...

DEN BEWAFFNETEN KAMPF
UNTERSTÜTZEN!
SIEG IM VOLKSKRIEG ●

*Ausgewählte Dokumente der Zeitgeschichte, Bundesrepublik Deutschland (BRD) – Rote Armee Fraktion (RAF). Köln: GNN Verlagsgesellschaft Politische Berichte, Oktober 1987 http://www.nadir.org/nadir/archiv/PolitischeStroemungen/ Stadtguerilla+RAF/RAF/brd+raf/004.html*

▶

*Motiven der Selbstmordattentäter unserer Tage.*

**5.** *Worin sehen Sie Ähnlichkeiten und Unterschiede zwischen dem Terrorismus während der Französischen Revolution und dem russischen Terrorismus des 19. Jahrhunderts? Versuchen Sie, die Unterschiede historisch zu erklären.*

**6.** *Arbeiten Sie die Strukturen des RAF-Terrorismus heraus: Welches waren seine Akteure, Motive und Zielsetzungen? In welchem historischen Umfeld waren die Terroristen tätig?*

**7.** *Charakterisieren Sie das „Konzept der Stadtguerilla". Wo finden Sie dieses Konzept im gegenwärtigen Terrorismus wieder?*

**8.** *Jedes Jahrhundert prägt offensichtlich einen eigenen Typus von Krieg oder Terror. Versuchen Sie wesentliche historische Faktoren zu benennen, die terroristisches Handeln und Verhalten vom 18. bis zum 21. Jahrhundert bestimmt haben.*

# III. Wurzeln des Terrc

WELCHES SIND DIE wesentlichen Ursachen des Terrorismus, mit dem wir heute konfrontiert sind? Eine einigermaßen befriedigende Antwort auf Fragen dieser Art zu finden ist sehr schwer und wird daher auch vielerorts gar nicht erst versucht. Stattdessen versteift man sich auf Vorverurteilungen oder meist recht vordergründige strategische Diskussionen.

In der Tat sind kausale Erklärungen angesichts der vielschichtigen Problemlage nicht leicht zu finden. Das fängt ganz elementar bei der Informationsbeschaffung an. Terroristen operieren per definitionem im Verborgenen. Es ist daher schwierig, verlässliche und empirisch nachprüfbare Informationen etwa über Mitglieder, Strategien oder Organisationsstrukturen zu bekommen.

Im Folgenden soll – um dem komplexen Ursachenfeld in etwa gerecht zu werden – unterschieden werden zwischen

▶ ÖKONOMISCHEN,
▶ POLITISCH-IDEOLOGISCHEN,
▶ PSYCHOLOGISCHEN UND
▶ RELIGIÖSEN URSACHEN.

Dabei spielt das Sozial-Psychologische in Form eines ausgeprägten Denkens in klar umrissenen Feindbildern eine zentrale Rolle. Sobald man das Feindbild für alle klar erkennbar aufgebaut hat, darf jeder von „ihnen" – Männer, Frauen, Kinder, Zivilisten, ganz gewöhnliche Leute – getötet werden. Die Feindseligkeit erstreckt sich offenkundig unterschiedslos auf alle. Beim islamischen Terrorismus ist der Feind der Ungläubige, dessen Wortführer die USA und deren Vertreter vor Ort Israel.

Individualpsychologisch wird in der Regel das Handeln der Terroristen als zweckrational dargestellt. Es ist mehr oder minder systematisch geplant und folgt einer strategischen Zweck-Mittel-Relati-

Radikale Muslime verbrennen während einer Anti-US-Demonstration in Lahore

on: Die Realisierung bestimmter Zwecke macht den kompromisslosen und konsequenten Einsatz geeigneter Mittel erforderlich.

Die Motive für terroristische Akte sind ebenfalls vielfältig. Es lassen sich unterscheiden

▶ marxistisch-leninistische,
▶ fremdenfeindlich-nationalistische,
▶ ideologisch-gesellschaftspolitische und
▶ religiös-fundamentalistische.

# rismus

akistan) eine amerikanische Flagge

schaftssystem und den Glauben an die Regierung zu unterminieren und die Gesellschaft durch die Verbreitung von Angst und Schrecken einzuschüchtern.

Gleichzeitig soll der Staat zu einer Überreaktion herausgefordert werden.

Herfried Münkler schreibt dazu in seinem Buch „Die neuen Kriege": „Die gegenwärtige Form der terroristischen Gewalt zielt unmittelbar auf die Wirtschaftskreisläufe der westlichen Welt sowie der ihr verbundenen Staaten, und sie setzt dabei – das kennzeichnet sie als terroristische Gewalt – statt auf die physischen auf die psychischen Folgen der Gewalt. Sie ist zerstörerisch nicht dadurch, dass sie massive Schäden an der Infrastruktur der angegriffenen Länder, an Fabriken und Einkaufszentren, Steuerungs- und Transportsystemen anrichtet, sondern indem sie Schrecken verbreitet und damit das hoch sensible psychische Wirtschaftsgewebe moderner Gesellschaften zerreißt. Hier liegt der schwächste Punkt dieser Gesellschaften, und ausgerechnet er ist relativ leicht zu treffen."

Selbst wenn weltweit alle Konflikte gelöst werden und alle politischen, sozialen und wirtschaftlichen Spannungen verschwinden, würde dies wohl kaum das Ende des Terrorismus bedeuten. Die Mischung aus Wahnsinn, Fanatismus und extremistischer politischer oder religiöser Doktrin würde im Zweifel neue Ventile finden. Diese Mixtur ist es, die dem Terrorismus von heute und morgen seine Akteure zuführt.

Ganz gleich, welche Ziele terroristische Gruppen im einzelnen verfolgen, deren Zielrichtung scheint in der Regel politischer Natur. Sie wollen das Verhalten von Regierungen, Gesellschaften oder einzelnen sozialen Gruppen verändern und deren Wertesystem beeinflussen. Terroristen geht es dabei um den Effekt, den ihre Taten auf das Fühlen, das Denken und die Psyche des Gegners auslösen. Sie versuchen das bestehende Herr- Vielleicht ist sie kein Bestandteil der menschlichen Natur insgesamt, aber sie ist sicherlich ein wesentlicher Bestandteil der Natur bestimmter Gruppen und Individuen. Intensität und politische Auswirkungen des Terrorismus werden einmal größer und einmal geringer sein, doch das riesige Aggressionspotenzial bleibt bestehen. Aus diesem Grund wird er auf absehbare Zeit nicht verschwinden. ●

SEFIK ALP BAHADIR

# Dominanz des Staatssektors

**SEFIK ALP BAHADIR**
ist Professor für gegenwarts-
bezogene Orientforschung
an der Universität
Erlangen-Nürnberg.

**DIE ISLAMISCHEN LÄNDER** des Nahen Ostens und Nordafrikas hatten im Jahre 2000 eine Gesamtbevölkerung von 295 Millionen. Nach Schätzung der Weltbank lebten 62 Millionen Menschen (22 Prozent der Gesamtbevölkerung) von einem Tageseinkommen von weniger als zwei US-Dollar, das heißt unterhalb der Armutsgrenze. Ein Viertel der männlichen und fast die Hälfte der weiblichen Bevölkerung über 15 Jahren waren Analphabeten. Demgegenüber besitzt diese Region zwei Drittel der nachgewiesenen Erdölreserven der Welt und fördert ein Drittel der Welterdölproduktion. Das Gefälle zwischen dem Wirtschaftspotenzial und der Wirtschaftsleistung in der Region wird von der Weltbank zutreffend wie folgt erklärt:

„Die wirtschaftliche Entwicklung ist in praktisch allen Mena-Ländern (Mena steht für Middle East and North Africa) zu einem großen Teil durch Schwächen und andere Unzulänglichkeiten des ökonomischen Umfelds dieser Länder eingeschränkt. Potentielle Investoren sehen sich in vielen Ländern einem Netz aus komplizierten Verordnungen gegenüber, die häufig unüberschaubar oder unvereinbar mit internationalen Normen sind.

In der gesamten Region gibt es politische, behördliche und institutionelle Mängel sowie Beschränkungen und Behinderungen von effizienten privaten Investitionen und Geschäftsaufgaben. Strenge staatliche Kontrollen und Lizenzbestimmungen sowie andere „Eingriffe" in die Wirtschaft erschweren den Zugang zu neuen Märkten und reduzieren die Wettbewerbsfähigkeit: Sie erhöhen die Transaktionskosten oder behindern den Zugang zu Produktionsmitteln und die Finanzierung zu Weltmarktpreisen".

Dieses Investitionsklima führt zu massiver Kapitalflucht und ungenügenden ausländischen Direktinvestitionen in der Region (lediglich 1,2 Milliarden US-Dollar im Jahre 2000) und bildet damit die offensichtliche Barriere für Wirtschaftswachstum und mehr Beschäftigung. Allerdings werden die wohlgemeinten Konzepte der Weltbank zur Förderung des regionalen Wirtschaftswachstums, nämlich „die Verbesserung des Gesamtklimas für Investitionen und den privaten Sektor" sowie „die Weiterentwicklung der Verwaltung und den Aufbau von Institutionen" auch künftig die erhofften Wirkungen verfehlen, solange die systemischen Ursachen dieses Investitionsklimas fortbestehen.

Diese systemischen Ursachen sind in den wirtschafts- und gesellschaftspolitischen Visionen der staatstragenden Gruppen, Schichten und Parteien in den Ländern des Nahen Ostens zu suchen. Schon seit der Gründung bzw. politischen Unabhängigkeit dieser jungen Staaten sind die dort jeweils herrschenden Eliten nicht nur von einer Aversion gegenüber politischen Freiheiten, sondern auch von einem tiefen Misstrauen gegenüber ökonomischen Freiheiten ihrer Bevölkerung beseelt. Folglich haben ihre wirtschaftspolitischen Konzepte stets einen gemeinsamen Nenner: Die Dominanz des Staatssektors, die Einschränkung der wirtschaftlichen Betätigungsfelder der Individuen und die Marginalisierung der freien Märkte. Diese Programmatik verband einst den Ba'athismus in Syrien und im Irak mit dem Sozialismus in Algerien und Tunesien, den Dritten Weg in Libyen mit dem Arabischen Sozialismus in Ägypten. Auch heute kennzeichnet sie die Wirtschaftspolitik in der gesamten Region, wenn auch mit gewissen Abstrichen und in etwas gemäßigter Form. Selbst die konservativen Ölscheichtümer der Arabischen Halbinsel bilden keine Ausnahmen von der Regel des alles dominierenden Staates, sondern eher Musterbeispiele dafür, wie Länder zu wirtschaftlichen Hinterhöfen ihrer Herrscher verküm-

## Erdölreserven im Nahen Osten

**geschätzte Erdölreserven**
in Milliarden Tonnen

TÜRKEI
SYRIEN **15,2**
LIBANON
JORDA-
ISRAEL NIEN
IRAK
**13,3 KUWEIT**
**12,3**
IRAN
**36,0**
BAHREIN
KATAR
**13,0**
ÄGYPTEN
**SAUDI-ARABIEN**
VER. ARAB. EMIRATE
OMAN
SUDAN
ERITREA
JEMEN
500 km
ÄTHIOPIEN
DSCHIBUTI

■ **Ölfelder**
Quelle: BP

mern können. Es gibt viele Details, die die saudischen Fünfjahres-Entwicklungspläne von den algerischen unterscheiden. In einem wesentlichen Punkt stimmen sie jedoch überein: Die Wirtschaft ist eine viel zu wichtige Staatssache, um den Bürgern und Märkten anvertraut zu werden ...

Zu Beginn der achtziger Jahre, als fallende Erdölpreise mit einem Tief der Weltkonjunktur und mit einem steigenden internationalen Zinsniveau zusammenfielen, kam schließlich die Stunde der Wahrheit: Von den 21 Mitgliedstaaten der Arabischen Liga hatte 1975 lediglich Ägypten hohe Auslandsschulden, die fast die Hälfte des Bruttosozialprodukts (45,5 Prozent) betrugen. Im Jahre 1987 waren aber bereits elf arabische Länder mit mehr als 50 Prozent ihres Bruttosozialprodukts verschuldet; in sechs Fällen betrug dieser Anteil sogar mehr als 100 Prozent. Von 1980 bis 2000 blieb das durchschnittliche jährliche Wirtschaftswachstum in der Region mit 2,5 Prozent unterhalb des jährlichen Bevölkerungswachstums (2,6 Prozent), was eine kontinuierliche Verarmung der Bevölkerung bedeutete ...

In der Einleitung dieses Artikels wurde behauptet, dass undemokratische, korrupte und repressive Regime in den meisten nahöstlichen Staaten, die das Wirtschaftspotenzial dieser Region verschwenden und für die hoffnungslose Armut und politische Unterdrückung von Millionen von Menschen die Verantwortung tragen, die eigentlichen Zielscheiben des Terrorismus im Nahen Osten sind; und dass die Terrorakte vom 11. September nur die „Spitze eines Eisbergs" waren und sich gegen die deutlichsten Symbole der wirtschaftlichen und militärischen Machtbasis einer amerikanischen Außenpolitik richteten, die die Hauptstütze dieser verhassten Regime bildet. Die deutlichste Evidenz für diese Behauptung ist die Tatsache, dass die Terrorakte islamischer politischer Gruppen gegen Ausländer bzw. ausländische Einrichtungen ausschließlich die USA – neben Israel – zum Ziel haben. Deshalb darf die ethische bzw. politische Solidarität mit den USA nicht so weit gehen, diese Tatsache zu ignorieren und die Terrorakte vom 11. September als einen Angriff gegen die „westliche Wertegemeinschaft" zu interpretieren. Denn eine solche Auslegung würde den Blick für die eigentliche Zielrichtung des Terrorismus islamischer politischer Gruppen und damit auch für die geeigneten Maßnahmen zu seiner Bekämpfung versperren.  ●

*Sefik Alp Bahadir: Ökonomische und politische Ursachen des Terrorismus im Nahen Osten. In: P. Bendel u. a. (Hg.), Im Schatten des Terrorismus. Wiesbaden: Westdeutscher Verlag, 2003, S. 36ff.*
*http://www.zeit.de/archiv/2002/06/200206_essay.pipes.xml*

## DANIEL PIPES
### SELBSTMORDATTENTÄTER UND RADIKALE ISLAMISTEN SIND SELTEN ARME LEUTE
#### VIER THESEN

**Erstens:** Reichtum immunisiert nicht gegen den radikalen Islam. Die Kuweiter haben Einkommen auf westlichem Niveau (und verdanken dem Westen sogar ihre staatliche Existenz) – und dennoch erringen die Islamisten bei Parlamentswahlen unter allen Gruppierungen regelmäßig den größten Anteil der Sitze (gegenwärtig 20 von 50). Der radikale Islam gedeiht in den Mitgliedstaaten der Europäischen Union und in Nordamerika. In den USA genießen die Muslime als Gruppe einen höheren Lebensstandard als der Durchschnitt der Gesamtbevölkerung. Und unter diesen Muslimen haben die Islamisten im Allgemeinen die höheren Einkommen.

**Zweitens:** Eine florierende Wirtschaft immunisiert nicht gegen den radikalen Islam. Die heutigen militanten Islamistenbewegungen begannen ihren Aufstieg in den siebziger Jahren – genau zu einer Zeit, als die Erdöl exportierenden Staaten außergewöhnlich hohe Wachstumsraten verzeichneten. Der Libyer Muammar al-Ghaddafi entwickelte damals seine exzentrische Version eines frühen militanten Islamismus; fanatische Gruppen in Saudi-Arabien besetzten gewaltsam die Große Moschee in Mekka – und Ayatollah Khomeini übernahm die Macht in Iran (wobei sich allerdings die dortige Wirtschaft schon einige Jahre vor dem Umsturz im Abschwung befand). In

den achtziger Jahren verzeichneten mehrere Länder, deren ökonomische Entwicklung besonders erfolgreich war, einen Boom des militanten Islam. Jordanien, Tunesien und Marokko kamen in den neunziger Jahren wirtschaftlich gut voran – doch ebenso gut entwickelten sich die extremistischen islamischen Bewegungen. Die Türken erfreuten sich

Islamistischer
Demonstrant mit einer
Sprengstoffattrappe

unter Turgut Özal eines eindrucksvollen Wirtschaftswachstums und traten doch in wachsender Zahl den militanten islamischen Parteien bei.

**Drittens:** Nicht Armut bringt den militanten Islam hervor. Es gibt viele sehr arme muslimische Staaten, aber die wenigsten von ihnen wurden zu Zentren des Islamismus: Weder Bangladesch noch der Jemen, noch Niger. Wie ein amerikanischer Experte zu Recht feststellte, ist „wirtschaftliche Hoffnungslosig

keit, die häufig als Nährboden des politischen Islam angeführt wird, im Mittleren Osten ein seit langem vertrauter Zustand". Wenn der militante Islam also mit Armut zu tun hat, warum stellte er dann in früheren Jahren, als die Region ärmer war als heute, keine nennenswerte Kraft dar?

**Viertens:** Eine Not leidende Wirtschaft im Niedergang ist nicht der Auslöser für militanten Islamismus. Der Crash in Indonesien und Malaysia hat keine islamistische Welle erzeugt. Die Einkommen in Iran sind seit der Errichtung der Islamischen Republik 1979 um die Hälfte gesunken – doch denken die Menschen nicht daran, die radikale Ideologie des Regimes zu verstärken. Im Gegenteil, die Verelendung hat sie dem Islam entfremdet. Den Irakern geht es noch schlechter. Abbas Alnasrawi schätzt, dass ihr Pro-Kopf-Einkommen seit 1980 um fast 90 Prozent und damit auf den Stand der vierziger Jahre gesunken ist. Doch weder hat es im Irak einen Aufstand des Islamismus gegeben, noch ist er der vorherrschende Ausdruck regimekritischer Stimmungen geworden.

*Daniel Pipes: Imame in Nadelstreifen. „Die Zeit", 31. Januar 2002*

## DANIEL PIPES ist
Nahostexperte am Middle East Forum und Direktor einer proisraelischen Vereinigung in Philadelphia.

### SAMUEL HUNTINGTON

# Zusammenprall der Kulturen

**IDEOLOGISCHE
WURZELN**

Medien im Westen äußern sich gegenwärtig entsetzt über das Ausmaß des Hasses, der Terroristen islamischen Glaubens zu Taten bewegen kann, die Tausende das Leben kosten und unsere wirtschaftlichen Grundlagen zu zerstören drohen. Gleichzeitig versuchen viele Muslime in den Westen zu gelangen, um sich dort eine lebenswerte Zukunft aufzubauen, die ihnen in ihrer Heimat wegen Bürgerkriegen, politischer Unterdrückung oder aus wirtschaftlicher Not nicht in Aussicht steht. Sind Muslime per se also irrational, wie es so mancher Kommentar dieser Tage suggeriert? ...
Die islamische und im besonderen Maße die arabische Welt ist seit Anfang des 20. Jahrhunderts, als zunächst vor allem Briten und Franzosen, seit der Gründung Israels auch immer massiver die USA im Nahen Osten eingriffen, von einer tiefen kulturellen Verunsicherung erfasst. Arabischen Jugendlichen wird in der Schule vermittelt, welche Überlegenheit ihre Kultur im Mittelmeerraum jahrhundertelang besaß, welche geistigen und naturwissenschaftlichen Erkenntnisse sie dem damals unterentwickelten christlichen Abendland vermittelt hat. Und deshalb fragen sie sich, warum sich das zivilisatorische Gewicht nun ins Gegenteil verkehrt hat. Demagogen und Verschwörungstheoretiker machen in erster Linie zwei Ursachen für die Unterlegenheit und die in den meisten islamischen Staaten herrschende ▶

**MEINE THESE IST**, dass die grundlegende Ursache von Konflikten in dieser neuen Welt in erster Linie nicht ideologischer oder wirtschaftlicher Natur sein wird. Der wichtigste Grund für Konflikte wird kulturell bestimmt sein. Nationalstaaten werden zwar die mächtigsten Akteure auf dem Globus bleiben, die grundsätzlichen Auseinandersetzungen der Weltpolitik aber werden zwischen Nationen und Gruppierungen aus unterschiedlichen Kulturen auftreten. Der Zusammenprall der Zivilisationen, der Kulturen (civilizations), wird die Weltpolitik beherrschen. Verwerfungen zwischen den Kulturkreisen werden den Frontverlauf der Zukunft bestimmen. Warum der Zusammenprall?

**ERSTENS:** Die Unterschiede zwischen den Kulturen sind nicht nur wirklich, sie sind auch grundlegend. Menschen verschiedener Kulturen haben sowohl unterschiedliche Anschauungen über das Verhältnis zwischen Gott und Mensch, Individuum und Gruppe, Bürger und Staat, Eltern und Kindern, Mann und Frau als auch über die relative Bedeutung von Rechten und Pflichten, Freiheit und Autorität, Gleichheit und Hierarchie. Diese Unterschiede sind in Jahrhunderten gewachsen. Sie sind weit fundamentaler als die Unterschiede von Ideologien oder von Regierungssystemen. Solche Differenzen bedeuten nicht notwendigerweise Konflikt. Im Laufe der Jahrhunderte allerdings haben Unterschiede zwischen Kulturen die längsten und gewalttätigsten Kriege hervorgebracht.

**ZWEITENS:** Die Welt wird kleiner. Das wachsende Kontaktgeflecht zwischen den Völkern verstärkt das eigene kulturelle Bewusstsein wie auch das Bewusstsein für die Unterschiede. Bürger der Vereinigten Staaten reagieren weitaus ablehnender auf Investitionen aus Japan als auf größere Investitionen aus Kanada oder aus Europa. Der Austausch zwischen Völkern verschiedener Kulturen verstärkt das Bewusstsein der Menschen, einer bestimmten Kultur anzugehören; das wiederum verstärkt Differenzen und Animositäten, die oft weit in die Geschichte zurückreichen.

**DRITTENS:** Der Prozess wirtschaftlicher Modernisierung und sozialen Wandels auf der ganzen Welt löst die Menschen von althergebrachten,

dörflichen Identitätsmustern. Dies schwächt zugleich den Nationalstaat als eine Quelle der Identität. Die entstehende Lücke hat in vielen Teilen der Welt die Religion ausgefüllt, oft in Form von Bewegungen, denen der Stempel „fundamentalistisch" aufgedrückt wurde. Die Wiederauferstehung der Religionen, „die Rache Gottes", liefert eine Grundlage für Identität und Hingabe, die nationale Grenzen überschreitet und Kulturen vereint.

**VIERTENS:** Das wachsende Kulturbewusstsein wird noch gesteigert durch die Doppelrolle des Westens. Auf der einen Seite befindet sich der Westen auf dem Höhepunkt seiner Macht. Vielleicht als Folge dessen jedoch erleben gleichzeitig die nichtwestlichen Kulturen das Phänomen einer „Rückkehr zu den Wurzeln". Immer öfter hört man in letzter Zeit von Strömungen zur Selbstbesinnung und „Asiatisierung" in Japan oder jüngst auch von einer Debatte über „Verwestlichung" versus „Russifizierung" im Lande Boris Jelzins. Der mächtige Westen steht einem Nichtwesten gegenüber, der zunehmend den Wunsch, den Willen und die Möglichkeiten besitzt, die Welt auf nichtwestliche Weise zu formen.

**FÜNFTENS:** Kulturelle Eigenheiten sind weniger austauschbar und daher auch weniger gefährdet als politische. In der ehemaligen Sowjetunion können Kommunisten zu Demokraten werden, Reiche können arm und Arme reich werden – aber Russen können sich nicht in Esten und Aserbaidschaner nicht in Armenier verwandeln. In den Klassen- und Ideologiekämpfen hieß die Schlüsselfrage: „Auf welcher Seite stehst du?" Die Menschen konnten sich für eine Seite entscheiden oder wechselten die Seiten. In Konflikten zwischen Kulturen lautet die Frage: „Was bist du?" Die Antwort steht fest und ist unveränderlich. Bekanntlich kann die falsche Antwort auf diese Frage in Bosnien, im Kaukasus oder im Sudan eine Kugel in den Kopf bedeuten. Der samtene Vorhang der Kulturen hat den Eisernen Vorhang der Ideologien abgelöst als bedeutsamste Scheidelinie Europas. ●

*Samuel Huntington: Im Kampf der Kulturen „Die Zeit",*
*13. August 1993*

**SAMUEL
HUNTINGTON,**
76, ist Politologe in den USA und lehrt an der Harvard University.

*OLYCOM / ACTION PRESS*

UDO STEINBACH

# Kampf der Kulturen?

*Herr Professor Steinbach, ist das, was wir jetzt erleben, ein Krieg der Kulturen?*

**UDO STEINBACH:** Ich hoffe, dass dieser Konflikt nicht hochstilisiert wird zu einer Auseinandersetzung zwischen unseren Werten hier im Abendland und denen da drüben in der islamischen Welt. Die Beziehungen sind kritisch genug. Breite Teile der Öffentlichkeit in Europa und in Deutschland sind dem Islam gegenüber sehr kritisch eingestellt. Er gilt als militant und mittelalterlich. Es muss alles getan werden, damit dieser begrenzte Konflikt mit seinen nachvollziehbaren Ursachen nicht in einen viel beschworenen „Kampf der Kulturen" ausartet.

*Wer steht hinter der Eskalation?*

**STEINBACH:** Das ist ein extremistischer islamischer Fundamentalismus, wobei Fundamentalismus heißt, dass man Religion für politische Zwecke benutzt. Fundamentalisten gibt es in allen Religionen, im Nahen Osten im Bereich des Islam, aber auch im Judentum, beispielsweise unter den Siedlern in den besetzten Gebieten. Bei Bin Laden haben wir es mit einer Gruppe zu tun, die nicht nur Religion für eine politische Agenda nutzt, sondern in ihrem Namen einen Kampf gegen den Westen führt ... Die Masse der Muslime ist bestürzt über diese Art von Aktivitäten, weil sie alle fürchten, dass der Islam insgesamt damit identifiziert wird und Dialog und Verständigung mit dem Westen gefährdet werden.

*Also ist dies auch kein Konflikt zwischen Islam und Christentum?*

**STEINBACH:** Nein, es ist ein Konflikt zwischen einer spezifischen extremistischen islamischen Gruppe, die auf militante Weise versucht, auf westlicher Seite eine Politikveränderung herbeizuführen. Das hat mit dem Islam nichts zu tun ...

*Warum dieser Hass auf die Vereinigten Staaten?*

**STEINBACH:** Die heutigen Terroristen waren in den achtziger Jahren Verbündete des Westens. Amerika hat sie ausgebildet und ausgerüstet, die Freunde Amerikas, Saudi-Arabien beispielsweise, haben das Geld gegeben. Bin Ladens Terrornetzwerk wäre wahrscheinlich in dieser Form gar nicht existent, wenn wir nicht seine Aktivitäten jahrelang unterstützt und sie für unsere Zwecke, für die Vertreibung der Sowjetunion aus Afghanistan, benutzt hätten. Die Verschiebung der Perspektiven kam 1990, als Amerika plötzlich gegen einen islamischen Bruder, den Irak, vorging und von islamischem Boden aus operierte, von Stützpunkten in Saudi-Arabien.

*Hat der politische Konflikt auch eine soziale Dimension?*

**STEINBACH:** Teile der islamischen Welt fühlen sich vom Westen überwältigt. Um diese Überwältigung zu bekämpfen, greifen kleine Gruppen zum Extremismus. Das hat natürlich auch etwas mit Armut zu tun. Die wirtschaftliche Unterentwicklung reicht von Afghanistan bis Nordafrika. Die sozialen Schwierigkeiten führen dazu, dass viele zu einem politischen Islam Zuflucht nehmen, von dem sie hoffen, dass er eines Tages ihre politische und ökonomische Unterentwicklung löst ...

*Der Islam ist die Weltreligion mit der größten Zuwachsrate. Warum?*

**STEINBACH:** Der Islam ist vor allem in Afrika eine wachsende Religion. In postkolonialen Zeiten wenden sich viele dem Islam zu, da diese Religion eben nicht aus dem Westen kommt. Diese Entwicklung wird durch enorme Geldmengen, vor allem aus Libyen und Saudi-Arabien, gefördert.

*Nun wenden sich fundamentalistische Gruppen auch gegen ihre eigenen islamischen Staaten – in Algerien und Ägypten beispielsweise ...*

**STEINBACH:** Sie sehen ihre eigenen Regierungen als Helfershelfer des Westens, weil sie sich politisch, geistig, ökonomisch mit dem Westen eingelassen haben ...

*Sind die Chancen für einen „Dialog der Kulturen" dahin?*

**STEINBACH:** Im Moment sehe ich kein gutes Klima für diesen Dialog. In der Gemengelage zwischen dem Schock über das, was passiert ist, und der Angst, was noch kommt, kann es nur zu Missverständnissen oder Beschimpfungen kommen ... Erst wenn der Staub sich setzt, kann der Dialog wieder aufgenommen werden.

*Und was ist das Gemeinsame?*

**STEINBACH:** Das Interesse an einer friedlichen Existenz menschlicher Gesellschaften, kooperierend in Wirtschaft und Kultur und mit dem Verständnis für des anderen Religion.

*Udo Steinbach: „Das hat mit Islam nichts zu tun", Gespräch mit Cornelia Fuchs. „Stern", 17. September 2001*

**UDO STEINBACH,** 60, ist Direktor des Deutschen Orient-Instituts in Hamburg.

ROLAND MAGUNIA / DDP

▶ materielle Not verantwortlich: Einerseits die Verschwörung des Westens mit dem Ziel, die islamische Welt zu vernichten, andererseits den eigenen Verrat an den ursprünglichen islamischen Werten, wobei es diese theologisch ungebildeten Demagogen selbst sind, die sich anmaßen zu definieren, worin diese Werte bestehen ... In Dutzenden Büchern haben besonders seit den 80er Jahren radikal-islamische Autoren diese angebliche Wertelosigkeit des Westens angeprangert. Der Leser, der den Westen nicht aus eigener Anschauung kennt, muss den Eindruck gewinnen, dass in den dortigen Demokratien alle Moralvorstellungen verloren gegangen seien, der pure Materialismus herrsche, der Egoismus alles Handeln bestimme und Kriminalität die Normalität sei, dass der Drogen- und Alkoholkonsum diese Welt ohnehin bald zerstören werde, dass alle Familienstrukturen in Auflösung begriffen seien, dass der Westen ständig darauf sinne, nicht nur militärisch, sondern auch durch die Propagierung seiner Demokratie und den Export seiner Unwerte die islamische Welt mit in die moralische und physische Verderbnis zu reißen und dass deshalb schließlich ein Zusammenstoß der islamischen und der westlichen Welt unausweichlich sei, womit Samuel Huntington mit seiner Clash-of-Civilization-These von nicht erwarteter Seite Schützenhilfe erhält.

*Woher kommt der Hass? DER SPIEGEL, 39/2001, S. 176ff.*

### ARUNDHATI ROY

# Hass und Wut gegen die USA?

**ARUNDHATI ROY, 42,**
die Schriftstellerin und
politische Aktivistin stammt
aus dem südindischen
Bundesstaat Kerala und lebt
in Neu-Delhi.

NITIN UPADHYE / PHOTO INK / AGENTUR FOCUS

**ES STELLT SICH DIE FRAGE,** warum die Anschläge den Symbolen der wirtschaftlichen und militärischen Macht galten. Warum nicht der Freiheitsstatue? Könnte es sein, dass die finstere Wut, die zu den Anschlägen führte, nichts mit Freiheit und Demokratie zu tun hat, sondern damit, dass amerikanische Regierungen genau das Gegenteil unterstützt haben – militärischen und wirtschaftlichen Terrorismus, Konterrevolution, Militärdiktaturen, religiöse Bigotterie und unvorstellbaren Genozid (außerhalb Amerikas)? ...

Die Anschläge vom 11. September waren die monströse Visitenkarte einer aus den Fugen geratenen Welt. Die Botschaft könnte, wer weiß, von Osama Bin Laden stammen und von seinen Kurieren übermittelt worden sein, aber sie könnte durchaus unterzeichnet sein von den Geistern der Opfer von Amerikas alten Kriegen.

Die Millionen Toten in Korea, Vietnam und Kambodscha, die 17.500 Toten, als Israel (mit Unterstützung Amerikas) 1982 im Libanon einmarschierte, die 200.000 Iraker, die bei der Operation Wüstensturm (während des Golfkrieges 1991) starben, die Tausende Palästinenser, die im Kampf gegen die israelische Besetzung des Westjordanlands den Tod fanden. Und die Millionen, die in Jugoslawien, Somalia, Haiti, Chile, Nicaragua, El Salvador, Panama, in der Dominikanischen Republik starben, ermordet von all den Terroristen, Diktatoren und Massenmördern, die amerikanische Regierungen unterstützt, ausgebildet, finanziert und mit Waffen versorgt haben. Und diese Aufzählung ist keineswegs vollständig. Für ein Land, das an so vielen Kriegen und Konflikten beteiligt war, hat Amerika außerordentlich viel Glück gehabt. Die Anschläge vom 11. September waren erst der zweite Angriff auf amerikanischem Territorium innerhalb eines Jahrhunderts. Der erste war Pearl Harbor. Die Revanche dafür endete nach einem langen Umweg, bei Hiroshima und Nagasaki. Heute wartet die Welt mit angehaltenem Atem auf den Schrecken, der uns bevorsteht ...

Wer ist Osama Bin Laden aber wirklich? Ich möchte es anders formulieren: Was ist Osama Bin Laden?

Er ist das amerikanische Familiengeheimnis. Er ist der dunkle Doppelgänger des amerikanischen Präsidenten. Der brutale Zwilling alles angeblich Schönen und Zivilisierten. Er ist aus der Rippe einer Welt gemacht, die durch die amerikanische Außenpolitik verwüstet wurde, durch ihre Kanonenbootdiplomatie, ihr Atomwaffenarsenal, ihre unbekümmerte Politik der unumschränkten Vorherrschaft, ihre kühle Missachtung aller nicht-amerikanischen Menschenleben, ihre barbarischen Militärinterventionen, ihre Unterstützung für despotische und diktatorische Regime, ihre wirtschaftlichen Bestrebungen, die sich gnadenlos wie ein Heuschreckenschwarm durch die Wirtschaft armer Länder gefressen haben. Ihre marodierenden Multis, die sich die Luft aneignen, die wir einatmen, die Erde, auf der wir stehen, das Wasser, das wir trinken, unsere Gedanken.

Nun, da das Familiengeheimnis gelüftet ist, werden die Zwillinge allmählich eins und sogar austauschbar. Ihre Gewehre und Bomben, ihr Geld und ihre Drogen haben sich eine Zeit lang im Kreis bewegt. (Die Stinger-Raketen, die die amerikanischen Hubschrauber begrüßen werden, wurden von der CIA geliefert. Das Heroin, das von amerikanischen Rauschgiftsüchtigen verwendet wird, stammt aus Afghanistan. Die Regierung Bush ließ der afghanischen Regierung unlängst 43 Millionen Dollar zur Drogenbekämpfung zukommen.) Inzwischen werden sich die beiden auch in der Sprache immer ähnlicher. Jeder bezeichnet den anderen als „Kopf der Schlange". Beide berufen sich auf Gott und greifen gern auf die Erlösungsrhetorik von Gut und Böse zurück. Beide sind in eindeutige politische Verbrechen verstrickt. Beide sind gefährlich bewaffnet – der eine mit dem nuklearen Arsenal des obszön Mächtigen, der andere mit der glühenden, zerstörerischen Macht des absolut Hoffnungslosen. Feuerball und Eispickel. Keule und Axt. Man sollte nur nicht vergessen, dass der eine so wenig akzeptabel ist wie der andere. Präsident Bushs Ultimatum an die Völker der Welt – „Entweder ihr seid für uns, oder ihr seid für die Terroristen" – offenbart eine unglaubliche Arroganz. Kein Volk will diese Wahl treffen, kein Volk braucht diese Wahl zu treffen und keines sollte gezwungen werden, sie zu treffen. ●

*Arundhati Roy: „Wut ist der Schlüssel". „Frankfurter Allgemeine Zeitung", 28. September 2001, S. 25ff.*

Wolfgang Sofsky

# Selbstmordattentäter

DEN KÜRZESTEN AUFTRITT im neuen Krieg hat der Selbstmordattentäter. In dem Augenblick, da er das Dunkel der Anonymität verlässt, ereilt ihn der Tod. Vor allem im Orient ist er die Leitgestalt des Terrorkriegs. Ob auf Sri Lanka, in Beirut oder in Kurdistan, ob in Jerusalem, Jenin oder Manhattan, nur die Sekunden der Tat bezeugen seine Existenz.

Die Preisgabe seiner selbst verleiht eine einzigartige Zerstörungskraft. Die Tapferkeit der Gegner reicht so weit wie Hoffnung aufs Überleben. Der Selbstmordattentäter indes bricht mit dem Prinzip der Selbsterhaltung. Er geht von vornherein aufs Ganze. Er weiß, dass er nicht zurückkehren wird. Abschreckung schreckt ihn nicht. Indem er stirbt, macht er sich unbesiegbar.

Der Opfermörder vereint in seiner Person die drei ärgsten Widersacher der Macht. Wie der Märtyrer weist er die Macht in ihre Schranken. Wer sich töten lässt, entzieht sich der Unterwerfung. Die Macht kann ihn unmöglich zwingen, am Leben zu bleiben. Indem er die Freiheit zur Selbstaufgabe nutzt, legt er die Unvollkommenheit jeder Macht bloß. Doch erdulden Märtyrer ihren Tod, sie versetzen niemanden in Schrecken und bringen weder sich noch andere um.

Wie alle Attentäter zeigt auch der Selbstmordbomber, dass jeder Machthaber, und sei er doppelt und dreifach gerüstet, verletzbar ist. Keine Macht ist so vollkommen, dass sie vor einem Angreifer sicher wäre. Kein Regime vermag die ursprüngliche Gleichheit der Menschen ganz aufzuheben, die physische Verletzbarkeit jedes Einzelnen. Obwohl militärisch vollkommen unterlegen, kann der Attentäter ein Gleichgewicht des Schreckens herstellen, ja sogar einer gesamten Zivilisation Angst einjagen.

Mit dem Kriegshelden teilt der Angriffsselbstmörder die Zerstörungswut und Todesverachtung. Der Held opfert sein Leben für das Gemeinwesen, für seine Landsleute, für die Revolte. Bis zuletzt trotzt er den Feinden und schickt unzählige in den Tod. Dafür gebührt ihm ein unvergänglicher Lobpreis. Der Heros besiegt den Tod, indem er um sich schlägt. In ihm verkörpert sich der Todesmut in der Aktion. Mit unbarmherziger Brutalität vollbringt er den höchsten Akt der Moral, das Opfer seiner selbst. Mit der Gewissheit des Untergangs läuft er los, bis es ihn zu Boden streckt. Doch im Augenblick des Todes entzündet sich der Blitz des ewigen Lebens.

Anders als der Heros sucht der Selbstmordattentäter nicht den Kampf. Die Kamikazepiloten gehören nicht in seine Ahnengalerie. Der Attentäter geht nicht mit offenem Visier ins Gefecht. Er sprengt Wehrlose in die Luft. Feige ist er nicht, aber heimtückisch. Er ist und bleibt ein Terrorist, ein Agent des Schreckens. Dafür benötigt er keine hoch entwickelte Waffentechnik. Er braucht nur ein Tapeziermesser oder einen Sprenggürtel. Denn seine Hauptwaffe ist er selbst.

Die persönlichen Motive der Attentäter sind vielfältig. Keinesfalls sind die Anschläge auf blinden Fanatismus zurückzuführen. Im Libanon wurden die meisten Attentate von säkularen Gruppen verübt. Die kurdische PKK, die palästinensischen ▶

SELBSTMORD-
ATTENTÄTER
FALLEN NICHT AUS
DER REIHE

Ein US-Soziologe hat ein Profil des typischen Selbstmordattentäters erstellt. Die Terroristen sind, so das Ergebnis der Analyse, weder verhaltensauffällig noch gesellschaftlich benachteiligt. Jung, ledig, gebildet: Selbstmordattentäter sind nach den Erkenntnissen eines US-Soziologen keine Psychopathen, sondern völlig unauffällige Männer. Auf der Suche nach den Gründen für die weltweite Bedrohung durch Terroranschläge hat Scott Atran, der am staatlichen Forschungsinstitut CNRS in Paris und der University of Michigan in Ann Arbor arbeitet, das Profil des mordenden Selbstmörders erstellt. Demnach sind die Männer, die sich als lebende Bombe für politisch motivierte Anschläge auf Zivilisten zur Verfügung stellen, weder bildungsmäßig noch finanziell benach- ▶

Weltpolizist USA
■ Länder mit US-Militärstützpunkten
● Insel-Stützpunkte

DER SPIEGEL

Grönland · Island · Norwegen · Großbritannien · Niederlande · Belgien · Luxemburg · Portugal · Spanien · Dänemark · Deutschland · Griechenland · Italien · Türkei · Usbekistan · Kirgisien · Tadschikistan · Afghanistan · Bahrein · Kuwait · Ägypten · Katar · Ver. Arab. Emirate · Oman · Saudi-Arabien · Dschibuti · Süd-korea · Japan · Okinawa · Pazifik · Wake Island · Guam · Kwajalein Atoll · Singapur · Indonesien · Australien · Amerik. Samoa · Indischer Ozean · Diego Garcia · St. Helena · Atlantik · Peru · Venezuela · Kolumbien · Honduras · Guantanamo · Puerto Rico · Virgin Islands · Antigua · Hawaii · USA · Pazifik

▶ teiligt. Sie seien gläubig, aber nicht fanatisch religiös, schreibt Atran im Fachblatt „Science". Auch sonst scheinen die Attentäter nicht weiter aus der Masse herauszustechen: Sie haben, so der Forscher, wie alle anderen in ihrem Umfeld Väter, Freunde und Jobs. Nach Atrans Interpretation sind Selbstmordattentäter jedoch selbst Opfer. Sie würden von Organisationen oder einzelnen „charismatischen Trainern" ausgesucht, ausgebildet und schließlich als Werkzeuge des Terrors eingesetzt. Dazu wird nach Erkenntnissen des Forschers psychische Manipulation und Drill in kleinen Zellen von drei bis sechs Mitgliedern angewandt. Am Ende steht Atran zufolge meist eine Art Vertragsabschluss — etwa ein auf Video festgehaltenes Bekenntnis. Solche Vorbereitungen kosten nicht mehr als 150 Dollar, schreibt der Soziologe unter Hinweis auf die Aussage eines höher rangigen Palästinensers. Der teuerste Posten seien die Fahrtkosten des Attentäters in eine israelische Stadt ...

*Selbstmordattentäter fallen nicht aus der Reihe, SPIEGEL ONLINE, 7. März 2003*

▶ Brigaden oder die tschetschenischen Kommandos sind weniger islamistisch als nationalistisch. So frenetisch mancherorts der Märtyrerkult gepflegt wird, die Religion ist nicht die Ursache der Tat, sondern ein Werkzeug des Terrors.

Ohnehin führt von religiöser Inbrunst kein Weg in einen Supermarkt, in ein Musicaltheater oder in das Cockpit einer Passagiermaschine. Um sich in eine lebende Bombe zu verwandeln, gehört mehr dazu als die Naherwartung eines Logenplatzes im Paradies, wo der Märtyrer die Aufhebung der Prohibition genießen kann. Was hat ein Frauenphobiker wie Mohammed Atta von 72 Jungfrauen im Paradies? Auf welchen Lohn haben wohl die Frauen und Mädchen auf Sri Lanka oder der Westbank gehofft, als sie sich auf ihre Feinde stürzten? Für Hass bedarf es keiner Religion. Mehr als eine Trostprämie für die Erledigung einer Terrorarbeit sind die Vergünstigungen im Paradies nicht. Der wahre Märtyrer will nicht sterben, sondern ewig leben. Der Massenmord verheißt Ruhm und Unsterblichkeit, und sei es nur im Gedächtnis der Hinterbliebenen.

Die Teenager und Familienväter, die sich während der letzten Intifada in Attentäter verwandelten, bedurften keiner Gehirnwäsche. Sie kamen freiwillig, und zeitweise war ihre Zahl so groß, dass die Hersteller der Sprenggürtel mit der Produktion nicht nachkamen. Es bedurfte keiner sinistren Verführer, um schüchterne Jugendliche aus der Armut in unsichtbare Ausbildungscamps zu locken und ihnen die Abkürzung ins Paradies zu weisen. Zeitweilig wurden die Gürtel auf offener Straße verteilt. Heutige Attentäter töten nicht für die Unsterblichkeit. Ihnen genügt die blanke Wut über die eigene Ohnmacht. Nichts empört Menschen mehr als die hautnahe Erfahrung von Ungerechtigkeit.

Das Leben zu verachten hat eine ganze Generation schon frühzeitig auf der Straße gelernt. Täglich liefern sich die Jugendlichen die ungleiche Schlacht mit der Armee: Steinschleuder gegen Hartgummi, Reizgas oder Stahlgeschoss. Kaum ein Stein trifft einen Panzerwagen. Doch geht es den Straßenkämpfern ohnehin nur um den Nachweis, keine Angst zu haben. Die vordere Reihe wirft, zieht sich zurück, von hinten rücken die nächsten mit neuen Steinen nach. Die geübten Werfer verausgaben sich und treffen dennoch nichts. Die Soldaten hingegen treffen oft und nicht selten tödlich. Am Abend hat niemand den Sieg errungen oder auch nur einen Meter Boden gewonnen. Die Armee hat nur gezeigt, dass sie die Stärkere ist, und die Teenager haben demonstriert, wie gleichgültig ihnen dies ist ... ●

*Wolfgang Sofsky: Sie morden, weil sie dürfen. „du", Heft Nr. 736, Zürich 2003, S. 46, 84*

**WOLFGANG SOFSKY,** 51, ist freier Autor und Professor für Soziologie.

Familie betrachtet das Video der Hamas über einen Selbstmordanschlag

# Die Motive eines Selbstmordattentäters

**Verletzter Attentäter**
**Hussein Mikdad**

ES WAR EINE PRÄZIS GEPLANTE BLUTTAT, doch in diesem Fall blieb das einzige Opfer der Hisbollah-Attentäter selbst: Bei den Vorbereitungen zu einem Anschlag in Jerusalem wurde der Libanese Hussein Mikdad im April 1996 lebensgefährlich verletzt. Dank israelischer Ärzte überlebte er, nach der Amputation einer Hand und beider Beine und im Gesicht entstellt. Dem israelischen Dokumentarfilmer Dan Setton erzählte er seine Geschichte, die er in Kooperation mit SPIEGEL-TV verfilmte. 1998 wurde Mikdad mit Dutzenden Hisbollah-Gefangenen gegen die Leiche eines im Libanon gefallenen israelischen Soldaten ausgetauscht.

**SETTON:** Wer hat Sie auf diese Mission geschickt?

**MIKDAD:** Die Hisbollah.

**SETTON:** Warum gerade Sie? Sind Sie eine Art James Bond?

**MIKDAD:** Wahrscheinlich, weil ich den Erfordernissen dieser Mission entsprach: Ich spreche Englisch, bin groß, hellhäutig und gebildet.

**SETTON:** Bereuen Sie, was Sie taten?

**MIKDAD:** Darüber will ich nicht sprechen.

**SETTON:** Weil Ihnen klar ist, dass durch Ihre Tat Kinder und Unschuldige hätten sterben können?

**MIKDAD:** Manchmal macht man etwas, was nicht gut ist. Aber man muss wissen, was die Ursache ist und warum man es macht.

**SETTON:** Sie sind in einem Dorf außerhalb von Beirut aufgewachsen, der Älteste in einer Familie von sechs Kindern.

**MIKDAD:** Stimmt. Ich wuchs dort auf; ging in Beirut zur Schule, lernte Englisch und studierte an der Amerikanischen Universität Naturwissenschaften und Management.

**SETTON:** Sie wurden Buchhalter; bevor Sie 1994 der Hisbollah beitraten. Für diese selbst ernannte Partei Gottes ist Israel ein erklärter Todfeind.

**MIKDAD:** Wegen des Kriegs lebten wir im Libanon in einer riskanten Situation. Jeden Tag fühlte man die Gefahr für Leib und Leben. Was konnten wir tun? Wir mussten für die Befreiung unseres Landes kämpfen. Deshalb trat ich der Widerstandsbewegung bei.

**SETTON:** Und deswegen waren Sie bereit, diese Mission auszuführen?

**MIKDAD:** Richtig, ich wollte meinem Volk helfen.

An der Universität war ich mit Vorstellungen von Revolution, von Veränderung, Demokratie und Gerechtigkeit in Kontakt gekommen. Wir wuchsen ja auf in Zeiten des Kriegs; Krieg wurde zum Teil unseres Lebens.

**SETTON:** Angelernt wurden Sie in einem Trainingscamp im Bekaa-Tal. Wie lange dauerte die Ausbildung durch iranische Sprengstoffexperten?

**MIKDAD:** Knapp zwei Monate.

**SETTON:** Als man Ihnen anbot, die Mission zu übernehmen, sagten Sie zu.

**MIKDAD:** Nein, nicht sofort. Aber am Ende erklärte ich mich dazu bereit.

**SETTON:** Was war der Grund?

**MIKDAD:** Der Grund war die Besetzung meines Landes.

**SETTON:** Was war der schwierigste Moment?

**MIKDAD:** Der kam, als ich schließlich das Haus verließ. Ich verließ Frau und Tochter. Das fiel mir sehr schwer ...

**SETTON:** Der Anschlag sollte in Jerusalem erfolgen. Dort erhielten Sie den Plastiksprengstoff. Kannten Sie den Kurier?

**MIKDAD:** Nein, ich hatte ihn noch nie zuvor gesehen. Er kam ins Hotel und übergab mir das Material.

**SETTON:** Und dort explodierte der Sprengstoff – am Vorabend des geplanten Anschlags.

**MIKDAD:** Ich kam ins Hotel zurück und legte mich ins Bett. Ich schlief ein. Was dann passierte, weiß ich nicht.

**SETTON:** Wie fühlen Sie sich heute?

**MIKDAD:** Bei Gott, meine Seele ist müde.

**SETTON:** Was meinen Sie damit?

**MIKDAD:** Jedes Mal, wenn ich mich an die Ereignisse von damals erinnere, wünsche ich mir, ich wäre tot ...

*„Meine Seele ist müde", DER SPIEGEL, 38/2001, S. 136*

RAFIK AL-HARIRI

# Religiöse Indoktrination?

MESUT YILMAZ
„TERROR UND
GEWALT SIND NICHT
IM SINNE DES ISLAM"

Die furchtbaren Anschläge in den Vereinigten Staaten können nicht als Kampf der Religionen betrachtet werden. Wir sollten nicht zulassen, dass religiöse Ausdrücke und Begriffe den Terrorismus und seine Gefahren verschleiern. Den frevelhaften Versuch, den Islam als Vorwand für Terrorismus zu benutzen, sollten wir nicht tolerieren. Terror und Gewalt sind ohne Zweifel nicht im Sinne des Islam. Sie stehen im Gegensatz zur allumfassenden, menschenfreundlichen Philosophie und Tradition der Toleranz der islamischen Religion. Die Tatsache, dass Osama Bin Laden und seine Anhänger Muslime sind, bedeutet nicht, dass man Islam und Terrorismus gleichsetzen kann. Es gibt auch Terroristen, die anderen Religionen angehören, denn Terrorismus hat weder Religion noch Geografie oder Ethnie. Das ist vermutlich eine der wichtigsten Schlussfolgerungen, die wir aus den tragischen Ereignissen vom 11. September ziehen sollten.

*Mesut Yilmaz über die Türkei und Europa nach dem 11. September, „Frankfurter Allgemeine Zeitung", 25. Oktober 2001*

**MESUT YILMAZ**
war Ministerpräsident der Republik Türkei.

**SPIEGEL:** Der libanesische Geheimdienst zählt zu den bestinformierten Nachrichtendiensten des Nahen Ostens. Hatten Sie als Regierungschef des Libanon Hinweise auf Terroranschläge der Qaida-Organisation Osama Bin Ladens?

**HARIRI:** Ich muss gestehen, ich habe Terroraktionen erwartet, aber nicht in solch einem brutalen Ausmaß. Und überrascht hat mich auch, dass Osama Bin Laden – falls er tatsächlich hinter den Angriffen auf Amerika stehen sollte – über eine so gute Infrastruktur in den USA verfügt, sowie dass diese Aktivitäten so lange unentdeckt geblieben sind.

**SPIEGEL:** Das Terror-Netzwerk Bin Ladens wird auf bis zu 5 000 Mann geschätzt. Was wissen Sie über die Zusammensetzung der Qaida-Gruppe?

**HARIRI:** Nach unseren Erkenntnissen kann Bin Laden auf hoch motivierte und überaus gebildete Männer zurückgreifen. Zudem sind seine Gefolgsleute studierte Menschen und stammen überwiegend aus dem bürgerlichen Milieu. Dass sie dennoch Terrorakte unternehmen, für die sie mit ihrem Leben bezahlen, können wir uns nur durch eine Art religiöser Indoktrination erklären: Ganz offenbar werden jene jungen Menschen einer Form von Gehirnwäsche ausgesetzt.

**SPIEGEL:** Sie meinen den Missbrauch des Islam

**Rafik al-Hariri**

zur psychischen Manipulation potenzieller Attentäter?

**HARIRI:** Die Beeinflussung beschränkt sich nicht auf das Einhämmern von Koranversen im religiösen Unterricht. Bin Laden nutzt auch die gesamtpolitische Lage aus, in der sich diese Männer sehen – vor allem wenn sie sich mit dem palästinensischen Volk identifizieren. Wenn dieses Gefühl verstärkt wird, sehen sich die Männer in einem Zustand der Erniedrigung, der Verfolgung und der täglichen blutigen Auseinandersetzungen mit dem Feind, den Israelis. Dann sind diese Männer zu jeglichem Gewaltakt fähig

**SPIEGEL:** Aber der Palästina-Konflikt ist doch nicht der wirkliche Grund für den Terror Bin Ladens.

**HARIRI:** Tatsache ist jedenfalls, dass die fünf Kriege in gut 50 Jahren zwischen Israelis und Arabern etliche Generationen schwer frustriert haben. Diese Zeit der Demütigung hat insgesamt eine Atmosphäre geschaffen, in der es für Bin Laden ein Kinderspiel ist, Aktivisten zu rekrutieren. Deshalb bestehen wir sehr darauf, so schnell wie möglich das Kernproblem im Nahen Osten, die Palästinenser-Frage, gerecht zu lösen. ●

*Rafik al-Hariri, libanesischer Premierminister, im Gespräch mit Adel S. Elias, DER SPIEGEL 43/2001, S. 168f.*

Zerstörte Autos nach einem Bombenanschlag auf eine Polizeistation in Bagdad am 29. Oktober 2003

# „Im Namen Gottes, des Allmächtigen"

### DAS TESTAMENT DES TERRORPILOTEN MOHAMMED ATTA

Am Tag der Anschläge auf das World Trade Center wurde im Bostoner Logan Airport eine Reisetasche gefunden: Das nicht rechtzeitig umgeladene Gepäck des Terrorpiloten Atta, der die Boeing 757, Flug 011 der American Airlines, in den Nordturm steuerte. Unter den Schriftstücken sein letzter Wille, verfasst im April 1996.

ICH, MOHAMMED, der Sohn von Mohammed al-Amir Awad al-Sajjid, wünsche mir, dass Folgendes nach meinem Tod stattfindet: Ich glaube, dass Mohammed Gottes Gesandter ist, und habe nicht den geringsten Zweifel, dass die Zeit kommen wird, da Gott alle Menschen aus ihren Gräbern wiederauferstehen lässt. Ich wünsche, dass meine Familie und jeder, der dies hier liest, den allmächtigen Gott fürchtet und sich nicht durch das Leben ablenken lässt; dass sie Gott fürchten und ihm und seinem Propheten nacheifern, wenn sie denn wahre Gläubige sind. Zu meinem Angedenken sollten sie sich verhalten nach dem Vorbild (des Propheten) Abraham, der seinem Sohn auftrug, als guter Muslim zu sterben. Wenn ich sterbe, sollten diejenigen, die meinen Besitz erben, Folgendes beachten:

1. Diejenigen, die meinen Leichnam aufbahren, sollten gute Muslime sein, denn das wird mich Gott und seiner Vergebung empfehlen.
2. Diejenigen, die meinen Leichnam aufbahren, sollten mir die Augen schließen und beten, dass ich zum Himmel aufsteige, sie sollten mir neue Kleider geben und mich nicht in jenen lassen, in denen ich starb ...
4. Niemand, der in der Vergangenheit nicht mit mir auskam, soll mich nach meinem Tod besuchen, küssen oder von mir Abschied nehmen.
5. Weder schwangere Frauen noch unreine Personen sollen von mir Abschied nehmen – das lehne ich ab ...
11. Frauen sollen weder bei der Beerdigung zugegen sein noch irgendwann später sich an meinem Grab einfinden.
12. Die Beerdigung soll leise vonstatten gehen, denn Gott hat gesagt, dass er bei drei Anlässen Ruhe schätzt: bei der Lektüre des Koran, bei Begräbnissen und wenn man sich beim Gebet zu Boden wirft. Die Beerdigung soll schnell erfolgen, im Beisein von vielen Menschen, die für mich beten.
13. Bei der Grablegung sollte ich zusammen mit guten Muslimen bestattet werden, das Gesicht gen Mekka ...
18. Das Vermögen, das ich zurücklasse, soll nach den Regeln der islamischen Religion aufgeteilt werden – so wie der allmächtige Gott es uns aufgetragen hat: ein Drittel für die Armen und Bedürftigen. Meine Bücher sollen in den Besitz einer Moschee übergehen. Jene, die mein Testament vollstrecken, sollten Führer der Sunniten sein. Wer immer es ist, er sollte aus der Gegend stammen, in der ich groß wurde, oder ein Mensch, dem ich beim Gebet folgte. Sollte die Zeremonie nicht dem islamischen Glauben entsprechen, werden die Betroffenen dafür zur Verantwortung gezogen. Diejenigen, die ich zurücklasse, sollen gottesfürchtig sein und sich nicht von den Dingen, die das Leben bietet, etwas vorgaukeln lassen – stattdessen sollten sie zu Gott beten und gute Gläubige sein. Wer den Anweisungen dieses Testaments nicht entspricht oder den Geboten der Religion zuwiderhandelt, wird dafür letztendlich zur Verantwortung gezogen.

So geschrieben am 11. April 1996, nach dem islamischen Kalender im Dhu al-Kada im Jahr 1416.

Geschrieben von:
Mohammed al-Amir Awad al-Sajjid
Zeuge: Abd al-Ghani Muswadi
(Unterschrift)
Zeuge: al-Mutasadik Munir
(Unterschrift)

**Todespilot
Mohammed Atta**

RTC / DPA

*„Im Namen Gottes, des Allmächtigen",*
*DER SPIEGEL, 40/2001, S. 32f.*

Yehuda Bauer

# Der dritte Totalitarismus

## Radikale Islamisten kämpfen um die Weltherrschaft. Das haben sie mit Hitler und Stalin gemein

ES GIBT HEUTE an die 1,2 Milliarden Muslime. Man spricht von internationalem Terror; aber versteht man auch, was dahinter steckt? Der internationale Terrorismus ist nicht ohne den radikalen Is-

lamismus denkbar, und dieser Islamismus ist eine Ideologie. Selten wird gefragt, welche Ziele diese Ideologie verfolgt, woher sie kommt, wie sie in die Gegenwartsgeschichte einzuordnen ist. Die Welt-

Muslimische Pilger
an der Kaaba im
saudi-arabischen Mekka

gemeinschaft, und nicht nur die Amerikaner, reagiert auf diese Herausforderung mit polizeilichen und militärischen Aktionen: Die Terroristen finden, ihre Organisationen zerschlagen, ihre finanziellen Quellen beschlagnahmen, ihre Führer gefangen nehmen oder töten. Reicht das als Antwort?

Der radikale Islamismus ist selbstverständlich nicht identisch mit dem Islam. Wie weit er sich in der islamischen Welt verbreitet hat, ist allerdings unmöglich festzustellen, denn Meinungsumfragen sind in Ländern wie Pakistan, Malaysia, Indonesien oder Saudi-Arabien undenkbar. Man kann immerhin sagen, dass es auch antiradikale Strömungen im Islam gibt, so die friedliebende, sehr weit

verbreitete Sufi-Philosophie; dazu kommen liberale Tendenzen in einigen islamischen Ländern und in der muslimischen Diaspora im Westen.

Was will der radikale Islamismus? Erstens nichts weniger als die Weltherrschaft. Das sagt er klipp und klar, schwarz auf weiß. Der Islam soll überall durchgesetzt werden, wenn möglich durch friedliche Überzeugung, wenn nicht, dann eben auf andere Art. Zweitens fordert der Islamismus die Abschaffung des Staates und seiner gesetzlichen Normen. Gott ist für ihn der alleinige Gesetzgeber, zusätzliche menschliche Gesetzgebung hält er nicht nur für überflüssig, sondern sogar für lästerlich. Ein islamistischer staatlicher Apparat ist deshalb nur als eine rein technische Einrichtung vorstellbar, die von Priestern beherrscht wird. Für das nationale Moment von Staatlichkeit ist in der Glaubensgemeinschaft der Muslime nach islamistischer Lesart kein Platz. Parlamente und Demokratie seien das Produkt irregeleiteter Ideen von Ungläubigen. Die schiitische Revolution des Ajatollah Chomeini in Iran sah diesen Punkt freilich etwas anders; dort war man von Anfang an bereit, den Bürgern zumindest ein minimales Rederecht zuzugestehen, natürlich unter strikter religiöser Aufsicht.

Drittens will der radikale Islamismus die Vernichtung der Juden und an erster Stelle Israels. Dies soll das Vorspiel zum Sieg über den Westen insgesamt und über Amerika im Besonderen sein. Der islamistische Antisemitismus hat seine Wurzeln zum Teil in der Judenfeindlichkeit, die während des Kampfes der jüdischen Stämme in Arabien gegen den aufkommenden Islam des 7. Jahrhunderts entstand. Sie fand, neben freundlicheren Einschätzungen der Juden, ihren Niederschlag im Koran. Hinzu kommt der Einfluss des modernen europäischen Antisemitismus und besonders seiner nationalsozialistischen Prägung. Er verbreitete sich vor dem Hintergrund wirtschaftlicher, politischer und gesellschaftlicher Probleme der islamischen Welt. Die antisemitische islamische Propaganda, und häufig auch die arabisch-nationalisti- ►

KAZUYOSHI NOMACHI / PPS / AGENTUR FOCUS

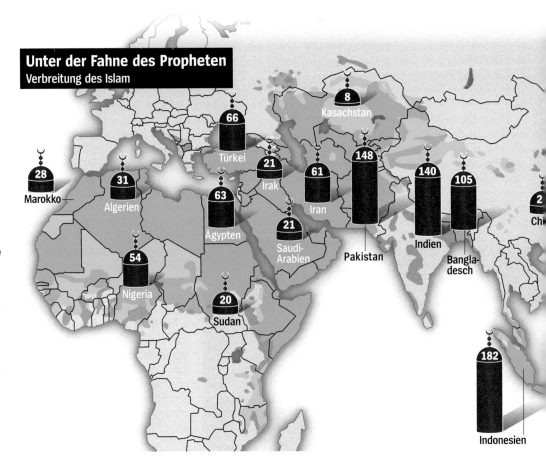

**Unter der Fahne des Propheten**
Verbreitung des Islam

Marokko **28**

Algerien **31**

Türkei **66**

Irak **21**

Kasachstan **8**

Iran **61**

Pakistan **148**

Indien **140**

Bangla-desch **105**

Ägypten **63**

Saudi-Arabien **21**

Nigeria **54**

Sudan **20**

Ch **2**

Indonesien **182**

**ANREGUNGEN FÜR DEN UNTERRICHT**

**1.** Wie sieht und begründet Sefik Alp Bahadir den Zusammenhang zwischen Wirtschaft und terroristischen Aktivitäten in den meisten nahöstlichen Staaten?

**2.** „Nicht Armut bringt den militanten Islam hervor" – so die These von Daniel Pipes. Untersuchen Sie die Plausibilität seiner Begründung. Ziehen Sie dazu auch den Text von Sefik Alp Bahadir heran.

**3.** Samuel Huntington spricht vom „Zusammenprall der Kulturen" (clash of civilizations). Was meint er damit und welche Argumente wählt er zur Begründung seiner Thesen?

**4.** Beziehen Sie kritisch Stellung zu Samuel Huntingtons Abschlussthese: „Der samtene Vorhang der Kulturen hat den Eisernen Vorhang der Ideologien abgelöst als bedeutende Scheidelinie Europas."

**5.** Ziehen Sie für ihre Argumentation auch die Texte von Udo Steinbach und Gernot Rotter heran. Wie gewichten Sie die Rolle politisch-ideologischer beziehungsweise kultureller Wurzeln zur Erklärung des militanten Islam?

**6.** Arundhati Roy vertritt eine besonders markante Position im Meinungsstreit über Wurzeln und Intensität von Hass und Wut weiter Teile der arabischen Welt auf die USA. Entwerfen Sie in Form eines Leserbriefes Ihre Meinung zu dieser Position: Wo scheint sie Ihnen überzeugend, wo hätten Sie kritische Rückfragen?

▶ sche, bedient sich historischer Fälschungen, so der „Protokolle der Weisen von Zion", der Ritualmordbeschuldigung, und auch christlicher theologischer Motive wie der Mär von den Juden als Christus-Mördern. Das Resultat ist ein genozidaler Diskurs. Wir müssten eigentlich aus der Geschichte gelernt haben, dass es Fanatiker mit ihrer Ideologie blutig ernst meinen.

Der radikale Islamismus verbreitet die Utopie einer friedlichen, von Gott mittels der Herrschaft von „Weisen" regierten Welt. Weil in dieser Sicht nach dem Sieg über die Ungläubigen die menschliche Geschichte abgeschlossen sei, kann man von einer universellen, apokalyptischen Utopie sprechen. Wir müssen uns keine Illusionen darüber machen, dass jede radikale, universelle, apokalyptische Utopie absolut mörderisch ist.

In den letzten 100 Jahren entstanden drei radikale Ideologien, die die Welt von Grund auf verändern wollten: Der Bolschewismus, der Nationalsozialismus und der radikale Islamismus. Es gibt große Unterschiede zwischen ihnen, aber auch eine Reihe von Parallelen. Alle drei galten oder gelten ihren Anhängern als quasireligiöse oder religiöse Offenbarungen. Alle drei strebten oder streben

nach der Weltherrschaft. Alle drei waren oder sind radikale Utopien, die das Ende der geschichtlichen Welt versprechen oder versprachen: Sei es die klassenlose Gesellschaft, sei es das „Tausendjährige Reich". Alle drei wollten oder wollen die Abschaffung von Staat und Recht; im Sowjetkommunismus gab es zwar, auf dem Papier, eine wunderbare Verfassung, doch in der Praxis regierte die Partei und in der Zeit des Stalinismus der oberste Genosse, dessen Wort Gesetz war. Im Nationalsozialismus wurde die durch Normen begrenzte preußisch-deutsche Staatsbürokratie zunehmend von dem Willen des Führers ersetzt, in dessen Person die Partei und dadurch wiederum die Volksgemeinschaft verkörpert war. Weltherrschaft, radikale Utopie, Zerstörung von Staat und Recht, absoluter Glaube sind die gemeinsamen Komponenten der Totalitarismen – und schließlich der Massenmord, der im radikalen Islamismus bisher nur angestrebt ist, in den anderen Fällen aber verwirklicht wurde.

Zwei Unterschiede zwischen den totalitären Ideologien sind indes besonders hervorzuheben. Revolutionäre Bewegungen, die eine Religion statt einer anderen oder eine Klasse an Stelle der bisher

**Anteil der Muslime an der Gesamtbevölkerung**

- über 90%
- 50% bis 89%
- 10% bis 49%
- unter 10%

Zahl der Muslime in Millionen (in ausgewählten Ländern)

DER SPIEGEL

regierenden an die Macht bringen wollten, gab es in der Geschichte oft. Da sind Islamisten und Kommunisten nicht anders als die Christen in den Konfessionskriegen der Reformationszeit oder die französischen Revolutionäre von 1789. Aber eine auf einer Rassenhierarchie aufgebaute Weltutopie hat es bis zu den Nationalsozialisten nicht gegeben. Man könnte also behaupten, dass der Nazismus die einzige wirklich radikale Revolutionsbewegung war, auch wenn die anderen beiden nicht weniger gefährlich waren oder es noch sind.

Der zweite Unterschied: Anders als Nationalsozialismus und Kommunismus ist der radikale Islamismus keine zentral organisierte Bewegung. Er ist nicht mit einem bestimmten Land verbunden, und mit Ausnahme von Bin Laden hat er auch keine charismatische Führerpersönlichkeit hervorgebracht. Er operiert in einer Vielzahl von Gruppen, die miteinander eng kooperieren, auf ideologischer Basis.

Der radikale Islamismus hat offenbar mehrere Ursachen. Die muslimische Welt ist ins Hintertreffen geraten, nicht nur im Vergleich mit Europa und Amerika, sondern auch mit Japan, Indien, Korea und jetzt sogar China. Das scheint mit einem Mangel an Individualismus zusammenzuhängen: Es fehlt der Mittelstand, der eine demokratische Entwicklung vorantreiben könnte. Ansätze in dieser Richtung, die sich im frühen 20. Jahrhundert entwickelten, wurden zum einen durch die westlichen Kolonialmächte zunichte gemacht, die sich lokaler Autokraten bedienten. Zum anderen sträubten sich konservative Geistliche, von denselben Autokraten unterstützt, gegen jede Reform, die den Islam an die Moderne angepasst hätte. Dadurch unterschied sich der Weg des Islam von dem des Christentums und des Buddhismus. Die Verarmung in der islamischen Welt trug ihren Teil zur Karriere des Islamismus bei, die Ideologen der Bewegung indes stammen größtenteils aus den besseren Kreisen – es sind Söhne von Millionären

und hohen Beamten darunter, Absolventen religiöser Akademien und Ärzte. Auch bei den Nazis war die (Pseudo-)Intelligenz führend, genauso im Kommunismus. Die verarmten und verbitterten Menschen, die das Fußvolk abgeben, laufen den reichen und wohlausgebildeten Revolutionären hinterher.

Dagegen müsste eine groß angelegte Kampagne geführt werden, doch das ist nur möglich, wenn sich Muslime selbst daran beteiligen. Man kann eine Ideologie nicht allein polizeilich oder militärisch bekämpfen. Die Schlacht findet nicht zuletzt in den Köpfen statt. Sogar im Kampf gegen das nationalsozialistische Regime mussten die Westmächte erst ihre eigene Bevölkerung von der Notwendigkeit der Auseinandersetzung überzeugen. Der menschenfeindlichen Interpretation des Islam durch die Islamisten muss eine friedliche und fortschrittliche entgegengestellt werden. Ebenso nötig wäre ein wirtschaftlicher Aufbauplan für islamische Länder – am besten verantwortet von den Vereinten Nationen. Dazu eine antiradikale politische Allianz, in der nicht nur Regierungen, sondern auch NGOs mitarbeiten sollten. Ein naiver Pazifismus eignet sich zur Durchsetzung eines solchen Entwicklungsprogramms nicht. Es muss klar sein: Wo Beweise vorliegen, ist die Anwendung militärischer Gewalt gegen Terroristen unausweichlich.

Der erste Schritt im Kampf gegen den radikalen Islamismus ist aber die Erkenntnis, dass die zivilisierte Welt in großer Gefahr schwebt – Globalisierungsfreunde wie Globalisierungsgegner, Linke wie Rechte, Sozialdemokraten, Liberale und Konservative sollten sich darin einig sein. Besonders in Europa wiederholt sich derzeit eine Entwicklung, die aus den dreißiger Jahren des vorigen Jahrhunderts bekannt ist. Wohlmeinende Liberale, Konservative und Sozialisten glaubten damals, dass Hitler nur das Unrecht von Versailles tilgen wolle und Stalin die friedliebende Sowjetunion zur Demokratie führen werde. Letzteres wurde uns auch in den fünfziger und sechziger Jahren immer wieder von liberalen Menschenfreunden gepredigt. Heute wird das Verständnis für die Motive der Terroristen damit begründet, dass man es sich nicht mit dem Islam verderben dürfe. Diese Naivität müssen wir zurückweisen, wenn wir gegen die Bedrohung durch den radikalen Islamismus gewappnet sein wollen. ●

*Yehuda Bauer: Der dritte Totalitarismus. „Die Zeit", 31. Juli 2003*
*http://www.zeit.de/2003/32/Essay_Bauer*

**YEHUDA BAUER** ist emeritierter Professor der Hebräischen Universität in Jerusalem.

▶

**7.** *Wolfgang Sofsky versucht, ein stimmiges Bild des typischen Selbstmordattentäters zu zeichnen. Was sind die Merkmale und Handlungsmotive, und wie sieht seine Charakterstruktur und Selbstwahrnehmung aus?*

**8.** *Was erfahren wir in dem Interview mit einem Selbstmordattentäter über dessen Herkunft, Sozialisation und Beweggründe? Bewerten Sie anschließend die Meinung des US-Soziologen Scott Atran, dass Selbstmordattentäter selbst Opfer seien.*

**9.** *Die Rolle religiöser Motive ist bei Selbstmordattentätern nur schwer zu bestimmen. Ein Punkt scheint konsensverdächtig: Eine Gleichsetzung von Islam mit Terrorismus wäre eine grobe Vereinfachung der komplexen Zusammenhänge. Wie schätzt Rafik al-Hariri die Rolle religiöser Indoktrination bei jungen Palästinensern ein?*

**10.** *Welche plausiblen Rückschlüsse auf typisch religiöse Motive lässt Ihrer Meinung nach das Testament des Terrorpiloten Mohammed Atta zu?*

**11.** *Yehuda Bauer vergleicht in seinem Text radikale Islamisten mit Hitler und Stalin. Welches sind seine Vergleichspunkte? Welche nicht eigens genannten Voraussetzungen liegen seinem Vergleich zu Grunde? Beziehen Sie kritisch Stellung: Ist in Ihren Augen der Vergleich schlüssig? Wird er den Besonderheiten von Islamismus, Stalinismus und Hitlerismus gerecht?*

**12.** *Formulieren Sie in einem Essay Ihre eigene Sicht der wesentlichen Ursachenstränge des gegenwärtigen Terrorismus.*

# IV. Reflexionen zur Ter

**WIE SOLLEN WIR** angesichts der spezifischen Herausforderungen des gegenwärtigen Terrorismus reagieren? Eine hinreichend sorgfältige analytische Diagnose kann schließlich in eine adäquate und insofern richtige wie wirkungsvolle Therapie münden.

Nach dem 11. September 2001 beherrschten zunächst Fassungslosigkeit und Entsetzen die Reaktionen in den USA wie überall auf der Welt.

Schon bald tauchte die Frage nach den im Hinter- und Untergrund agierenden Verantwortlichen auf. Politiker, Journalisten, Wissenschaftler und engagierte Bürgerinnen und Bürger diskutierten, wie man sich vor künftigen Terroranschlägen schützen könne. Viele Menschen konnten damals nachvollziehen, dass Präsident Bush in seinen Reden den Gedanken der Vergeltung in den Mittelpunkt stellte.

Am 20. September 2001 sagte George W. Bush in einer Rede vor dem Kongress: „Der einzige Weg, Terrorismus als Bedrohung unserer Lebensweise zu bekämpfen, ist, ihn zu stoppen, zu vernichten und auszumerzen, wo immer er entsteht." Mit diesen Worten traf er die Stimmungslage seiner Nation – aber auch vieler Menschen in der ganzen Welt. Gewalt, so eine verbreitete Meinung, sei die einzige Sprache, die Terroristen verstehen. Es kam nicht selten zu Anfeindungen und Übergriffen gegenüber Muslimen.

Amerikanische Soldaten trauern auf einer Gedenkfeier am 16. Oktober 2003 in Tikrit

Allerdings warnten auch viele Beobachter davor, Rache und Vergeltung als taugliche Wege zur Lösung des Problems anzusehen. Strafe für die Täter müsse sein, blinde Rache sei abzulehnen. Es sei ein Wesensmerkmal der europäischen Zivilisation, dass sie das Prinzip der Vergeltung, beispielsweise im Strafrecht, überwunden habe. Man dürfe sich von den Terroristen nicht hinter dieses kulturelle Niveau zurückwerfen lassen. Auch aus humanitären Gründen sei Vergeltung als zentrales Element im Kampf gegen den Terrorismus abzulehnen.

**DAS ERSTE KAPITEL** dieses Abschnitts bietet unterschiedlich akzentuierte Gesamturteile zum modernen Terrorismus an: Wie sollte der Einzelne auf Selbstmordattentate reagieren, wie sieht der Wirkungsmechanismus eines Terroraktes aus, und auf welches Gefahrenpotential müssen wir uns für die Zukunft einstellen?

**IM ZWEITEN KAPITEL** werden unterschiedliche Vorschläge präsentiert, wie eine adäquate Reaktion auf den Terrorismus aussehen sollte. Dabei wird in-

# orismusbekämpfung

rak) um zwei getötete Kameraden

etwas utopisch anmutende geistig-ideologische „Strategie" zu plädieren:

„Krieg, Polizeiarbeit, verdeckte Ermittlungen und Diplomatie: Das alles sind Aufgaben des Staates. Vor uns liegt aber auch eine ideologische Arbeit, und diese kann und sollte nicht vom Staat gelenkt oder organisiert werden. Erfolge wird sie nämlich nur dann haben, wenn sie freiheitlich in Angriff genommen wird, und das heißt auf die normal-demokratisch spontane und ungeordnete Weise. Der Staat kann sich daran durchaus beteiligen. Mir schwebt jedoch etwas ganz anderes vor. Säkulare und religiöse Intellektuelle, Gelehrte, Prediger und Publizisten müssten, nicht notwendigerweise organisiert, aber doch durch ein gemeinsames Credo verbunden, die Kultur der Entschuldigung und Apologie demaskieren, die religiösen und nationalistischen Quellen des Terrors aufdecken, das Beste in der islamischen Zivilisation gegen das Schlechteste mobilisieren und die Trennung von Religion und Politik in allen Zivilisationen verteidigen."

**IM LETZTEN KAPITEL** steht eine kleine Argumentationslehre, in der es vor allem um eine Reflexion der Art und Qualität der benutzen Argumente im Streit um den Terrorismus geht. Eine demokratisch verfasste Diskursgesellschaft braucht eine gewisse Sensibilität für die Begründetheit der in einer öffentlichen Kontroverse benutzen Argumente und Argumentationstechniken. Und sie braucht auch das Vertrauen darin, dass sich schließlich à la longue die besseren, vernünftigeren Argumente durchsetzen. Politischer Rhetorik geht es primär um Überredung; dazu werden nicht selten mehr oder minder hemdsärmelig und kraftmeierisch vorgetragene Strategien eingesetzt. Einer philosophischen Argumentation geht es um rational untermauerte Überzeugungen. Dazu sind klare Begriffe und widerspruchsfreie Argumentationen erforderlich. ●

ternationalen Organisationen und Vereinbarungen bei der Terrorbekämpfung der Vorrang vor dem Engagement einzelner Staaten gegeben.

In der Art zu reagieren, schlägt sich auch ein wesentliches Element des eigenen Selbstverständnisses beziehungweise der eigenen individuellen wie kollektiven Identität nieder.

Der amerikanische Philosoph Michael Walzer versucht in dem Essay aus seinem Buch „Erklärte Kriege – Kriegserklärungen" die zahlreichen Ansätze einer sinnvollen, weil begründbaren Reaktion zusammenzufassen und für eine möglicherweise

PETRA STEINBERGER

# Was kann man schon machen...

## Von Verantwortung und Apologetik der Selbstmordattentate

DER BUS NUMMER 14 explodierte wieder einmal an der Ecke King-George-V.- und Jaffa-Straße, an Jerusalems Ecke der Selbstmordanschläge. In Riad hatte man schon länger ein Attentat auf die Fremden erwartet. Marokko überraschte. Kabul war überfällig. Die Anschläge in Tschetschenien wurden eher auf den hinteren Seiten der Nachrichten verhandelt, wie Tschetschenien insgesamt. Selbstmordattentate „passieren" offenbar einfach so, schicksalhaft, unabwendbar. Die Verwandten oder Parteigänger der Opfer nennen die Täter dann Mörder, „Kamikaze" oder Kriminelle. Für andere kann man nicht oft genug erklären, warum Menschen zu solchen Taten getrieben werden, warum die andere Seite Mitschuld trage, wieso das Attentat geradezu herausgefordert worden sei.

Nach jedem der erwähnten Anschläge müssten die Zeitungen eigentlich voll sein mit Leserbriefen und Beiträgen von Muslimen, die sich umstandslos distanzieren von den Tätern, von Menschen, die sich meist im Namen einer nationalen Sache, vor allem aber im Namen ihrer Religion das Recht zum willkürlichen Töten von Zivilisten nehmen. 50 Beiträge, jedes Mal. Oder zehn. Auch nicht? Ein Leserbrief vielleicht? Wenigstens ein einziger in den vielen Zeitungen der liberalen Demokratien des Westens, der ohne Einschränkung erklärt, jeder aufgeklärte, gläubige, traditionelle Muslim, jeder zufällig in den Islam hineingeborene Mensch könne und wolle nichts zu tun haben mit derartigen Aktionen. Wenigstens in den großen Exilgemeinden Europas und Amerikas, denn inzwischen hat sich wohl herumgesprochen, dass unter der Herrschaft der diversen nahöstlichen Despoten eine freie, auch selbstkritische Meinungsäußerung sehr gefährlich werden kann.

Wo sind diese Gerechten? Wenigstens zehn sollte Abraham vorweisen, aber nicht einmal die fand er, und so zerstörte Gott Sodom und Gomorrha. Abgesehen von der Fragwürdigkeit dieser undifferenzierten biblischen Vergeltung – in den ersten Wochen nach dem 11. September ist mit dem Entsetzen offenbar auch die kritische Selbstbeschau unter Muslimen abgeklungen. Und wenn nicht, so wurde sie offenbar auf die kritische Besinnung im Privaten reduziert. Aber es genügt nicht, sich ein einziges Mal eindeutig von Selbstmordanschlägen zu distanzieren, sie einmal zu verurteilen, in Ewigkeit. Man muss es immer wieder laut sagen – selbst wenn es Ritual wird, und gerade eine derartige Aussage auch von denen verlangt wird, die damit eigene Verwicklungen in einer verfahrenen politischen Situation wegschieben wollen. Die Übernahme von Verantwortung ist kein Nullsummenspiel.

Wer ständig apologetisch „die anderen" bemüht, „ihnen", den Russen, Amerikanern, Israelis und sonst wem zur Last legt, dass „es" passiere, entzieht sich jeder erwachsenen Verantwortung. Wer sich in einer derart selbst gewählten „Was können wir schon tun"-Unmündigkeit verharrt, dem wird irgendwann ein Vormund vorgesetzt. Wer Selbstkritik verweigert, den werden die anderen kritisieren – und ihm schließlich vorschreiben, wie er sich zu verhalten habe, im Zweifel mit Gewalt.

Es gäbe zwei Möglichkeiten, das Bewusstsein von Verantwortung öffentlich zu zeigen: Man entzieht, als Muslim, den Suizidattentätern eindeutig jegliche religiöse Legitimation – verstößt sie also, zumindest im übertragenen Sinn, aus der Umma, der Gemeinschaft der Muslime. Oder man akzeptiert, dass es innerhalb der Interpretationsvarianten des Islam eben auch möglich ist, derartige Gewaltanwendung zu rechtfertigen. Wer diese Möglichkeit wählt, muss sich langfristig auf echte Hinterfragung und kritische Neubewertung des Islam einlassen. Das fordern innerislamische Kritiker wie der ägyptische Nasr Hamid Abu Zaid schon lange – und enden dafür bisher nicht selten im Gefängnis oder im Exil.

Es gibt eine dritte Möglichkeit. Man akzeptiert, ohne sich mit religiöser Legitimation und Moral auseinander zu setzen, Selbstmordattentate als legitimes Mittel der „Selbstverteidigung" von Volk oder Gott. Dann darf man die andere Seite für die Anwendung eigener „legitimer Mittel" zur eigenen Verteidigung von Volk und Gott kaum kritisieren. Wir entziehen uns der modernen „rules of war" und enden in der dunklen Zeit der religiösen Bürgerkriege, weit vor dem Westfälischen Frieden. ●

*Petra Steinberger: Was kann man schon machen. „Süddeutsche Zeitung",* *13. Juni 2003*

PETRA STEINBERGER **arbeitet für** **die „Süddeutsche Zeitung".**

BENJAMIN R. BARBER

# Ein Krieg „jeder gegen jeden"

**TERRORISMUS ERSCHEINT** auf den ersten Blick als ein Beweis brutaler Macht, in Wirklichkeit handelt es sich dabei um eine Strategie der Angst, nicht der Stärke. Terror entsteht aus Schwäche – Machtlosigkeit – und führt zum Erfolg, indem die Macht der stärkeren Gegner gegen sie selbst gewendet wird. Terrorismus ist eine Art strategisches Jiu-Jitsu, das nur dadurch siegt, dass andere zu Verlierern werden, bezwungen durch ihre eigene Stärke und ihre eigenen Ängste. Die teuflische Raffinesse hinter den Angriffen auf das World Trade Center und das Pentagon wurde nicht so sehr durch den rohen, aber dämonisch einfallsreichen Einsatz von Passagierflugzeugen als Bomben offenbar, sondern in der sich anschließenden Manipulation der Angst, die dem Luftverkehr und den Börsen schweren Schaden zufügte. Gleichermaßen wirksam war Bioterror – nicht als Tat an sich, sondern als ein Werkzeug der Lähmung. Durch die Einwirkung auf die Medien wurde eine Furcht bei denjenigen geweckt, welche die öffentliche Meinung bilden, und so kam es zu einem Multiplikatoreffekt, der es dem Bioterror mit einem an sich relativ geringen Schaden erlaubte, ein Maximum an Wirkung zu haben.

Indem wir durch die „Propaganda der Tat", wie es der Anarchist Michael Bakunin nannte, an unsere eigene Angst gefesselt wurden, haben die Terroristen gewissermaßen den Sozialvertrag gelöst und uns zurück in eine Art „Naturzustand" versetzt. In den vergangenen 400 Jahren sind wir den Weg von Anarchie, Unsicherheit und Angst (dem von Sozialtheoretikern wie Thomas Hobbes postulierten Naturzustand) hin zu Recht und Ordnung (rechtmäßige Ordnung), politischer Sicherheit und dem Genuss bürgerlicher Freiheit gegangen. Durch das Handeln außerhalb des Gesetzes, indem die Unsicherheit allgegenwärtig gemacht und Freiheit in Risiko verwandelt wird, drängt uns der Terrorismus zurück in eine Quasi-Anarchie. Um vollständig zu verstehen, was dies bedeutet, muss man in die Welt der politischen Philosophie eintauchen. Während es viel Neues unter unseren derzeitigen Bedingungen gibt – Technologie, weltweite Interdependenz, Metastasen bildender Extremismus, der nur lose mit seinem Rechtfertigenden Ideologien und Religionen verbunden ist –, so

ist doch vieles alt: der Zusammenbruch von Staatsbürgertum und Gesetzesordnung als Folge von zivilem Unfrieden und Krieg, ein Gefühl der Wirkungslosigkeit von Souveränität unter dem Druck von Terror und Unsicherheit, die Brauchbarkeit der Metapher vom „Naturzustand" auf internationaler Ebene, auf der die üblichen innerstaatlichen Sicherheiten nicht länger gelten und auf der das menschliche Leben mit Hobbes' schlichten Worten häufig gewalttätig, böse, brutal und kurz ist.

Die Wirkung des modernen Terrorismus ist eine direkte Folge der Logik des westlichen Gesellschaftsvertrags: In einer Demokratie dürfen Menschen keine Bomben werfen. Demokratie bedeutet die Schlichtung von Konflikten mit Worten und durch Mehrheiten, nicht mit Stärke und Gewalt. Macht und Betrug sind, wie Hobbes es bezeichnet, die Kardinaltugenden des Naturzustands, in dem es kein Gesetz gibt. Sie müssen unter normalen sozialen Verhältnissen durch Abstimmung und Rechtmäßigkeit überwunden werden. Wenn in unserer Demokratie immer noch Bomben geworfen werden, dann stimmt etwas mit unserer Demokratie nicht – etwas, das uns zurückversetzt in diesen absolut anarchischen Naturzustand, aus dem uns demokratische Souveränität und Rechtmäßigkeit befreien sollte. Die Handlungen der Terroristen sind überwiegend pathologisch und bringen weder rationale Analyse noch Verständnis hervor, geschweige denn Rechtfertigung. Aber es stimmt auch etwas nicht mit unserer Demokratie, etwas zunehmend Problematisches hinsichtlich unserer grundlegenden Normen Souveränität und Unabhängigkeit. Das erste Problem – pathologischer Terrorismus – könnte durch besondere militärische und geheimdienstliche Operationen beseitigt werden; das zweite Problem ist viel wesentlicher, weil seine Lösung staatsbürgerliche und demokratische Handlungen auslöst und jeden Einzelnen in der Gesellschaft betrifft ...　●

**BENJAMIN R. BARBER** ist Politikwissenschaftler in Maryland und war Berater der Clinton-Regierung.

*Benjamin R. Barber: Terror und die Politik der Angst.*
*In: Aus Politik und Zeitgeschichte, B 18/2002, S. 7*
*http://www.bpb.de/publikationen/R5523M,0,0,*
*Ein_Krieg_%22jeder_gegen_jeden%22%3A_Terror_und_*
*die_Politik_der_Angst.html#top*

# Strategie der Schwäche

Der Extremismusforscher Peter Waldmann über das Gefahrenpotenzial des Qaida-Netzwerks, die Psyche radikaler Attentäter und den Einsatz von Gewalt als Fanal

**PETER WALDMANN,** 66, ist emeritierter Ordinarius für Soziologie der Universität Augsburg.

**SPIEGEL:** Professor Waldmann, die Warnungen vor neuen Anschlägen werden immer lauter. Wie wirksam war denn der Feldzug gegen den Terrorismus bisher?

**WALDMANN:** Terrorgruppen profitieren immer von Rückzugsräumen, in denen sie sich ungestört organisieren können. Zwar ist schon ein gewisser Erfolg zu verzeichnen, aber al-Qaida ist lediglich zersprengt, nicht vernichtet. Und solche Organisationen wollen in Bedrängnis erfahrungsgemäß um jeden Preis beweisen, dass sie noch aktionsfähig sind.

**SPIEGEL:** Das entschlossene Vorgehen der Anti-Terror-Allianz beeindruckt Sie nicht?

**WALDMANN:** Selbst ein offenkundiges Scheitern kann religiöse Fanatiker noch beflügeln. Deswegen sind Siege im Kampf gegen solche Terroristen trügerisch. Den harten Kern schreckt nichts.

**SPIEGEL:** Die Zahl der Sympathisanten dürfte sich im islamischen Raum sogar noch stark erhöht haben.

**WALDMANN:** Weil die westlichen Mächte als demütigend empfunden werden. Deswegen halte ich militärische Kampagnen auch für kontraproduktiv. Unmittelbar stellt sich durchaus ein Effekt ein, das ist wahr, aber Terroristen haben andere Zeithorizonte und Erfolgskriterien als unsere Politiker.

**SPIEGEL:** Die Attentäter wenden sich gegen eine Staatsgewalt, der sie ohnmächtig unterlegen sind. Dieses Bewusstsein hat der Anti-Terror-Feldzug noch verstärkt und damit auch den Rachedurst?

**WALDMANN:** Sicher. Terrorismus ist eindeutig eine Strategie der Schwäche, die ein Mehrstufenkalkül verfolgt. Den Gegner reizen, in der Hoffnung, dass er überreagiert, zurückschlägt und dadurch die Mobilisierung der Massen auslöst. Die Pläne für die großen Anschläge stammen immer von einer intellektuellen Elite. Das Fußvolk sind disponible Leute, blinde, emotionale Fanatiker, aber die Köpfe haben alle ein gewisses Niveau.

**SPIEGEL:** Was haben diese Köpfe aus den vergangenen zehn Monaten gelernt?

**USA**
**1** **11. September 2001**
fast 3000 Tote
Drei entführte Flugzeuge zerstören das World Trade Center in New York und beschädigen das Pentagon, eine weitere Maschine stürzt in Pennsylvania ab.

**2** **22. Dezember 2001**
Passagiere und Besatzungsmitglieder eines Flugs von Paris nach Miami vereiteln das Attentat des »Schuhbombers« Richard Reid.

**TUNESIEN**
**3** **11. April 2002**
19 Tote
Ein Tankwagen explodiert vor Nordafrikas ältester Synagoge.

**PAKISTAN**
**4** **23. Januar 2002**
1 Toter
Der US-Journalist Daniel Pearl wird in Karatschi entführt und ermordet.

**5** **17. März 2002**
5 Tote
Handgranatenanschlag auf eine Kirche in Islamabad.

**6** **8. Mai 2002**
14 Tote
Bombenattentat auf französische Ingenieure in Karatsc

**14. Juni 2002**
12 Tote
**7** Eine Autobombe expl diert in Karatschi vor dem US-Konsulat.

**WALDMANN:** Dass selbst eine gewaltige Provokation der USA und die folgende Reaktion nicht ausreichen, um den Heiligen Krieg zu entfesseln, dass sie aber der Supermacht einen ungeheuren ökonomischen und sozialpsychologischen Schaden zufügen können. Sie haben sie gezwungen, autoritärer zu werden, als das in ihrer demokratischen Verfassung vorgesehen ist.

**SPIEGEL:** Hat auch die Anti-Terror-Allianz etwas gelernt?

**WALDMANN:** Die Amerikaner wollen sich nicht für alle Zeiten in Afghanistan festsetzen, das ist sicher klug. Aber ihr manichäisches Denken von einer Achse des Bösen ist kein Fortschritt.

**SPIEGEL:** Immerhin wurde die Kommandoebene der Qaida zerstört. Wie gefährlich sind die verbliebenen autonomen Zellen?

**WALDMANN:** Einen Anschlag vom Kaliber des 11. September halte ich für unwahrscheinlich. Der würde eine gehörige Vorbereitungsarbeit voraussetzen, wozu es wohl im Augenblick nicht reicht. Eher zu Gelegenheitsaktionen, um zu beweisen, dass noch Schlagkraft existiert.

*„Strategie der Schwäche", DER SPIEGEL, 29/2002, S. 108ff.*

## ERNST TOPITSCH
### DAS ZWECK-MITTEL-PROBLEM

Eine vielhundertjährige Debatte hat sich um das Problem entzündet, ob und in welchem Ausmaß ein guter Zweck die Verwendung bedenklicher, gefährlicher oder verwerflicher Mittel rechtfertige, und dahinter mag noch die sibyllinische Frage lauern, was denn eigentlich das Gute sei. Völlig eindeutig wird jedoch die Situation, sobald es sich erweist, dass der angeblich edle Zweck nur vorgespiegelt wird, damit man sich fragwürdiger, ja, verbrecherischer Mittel zur Erreichung eines ganz anderen tatsächlichen Zwecks bedienen kann. Dann hatten wir es mit einer Form des kriminellen Utopismus zu tun.

Um hier Klarheit zu schaffen, müssen einige Fragen beantwortet werden: Haben die Rebellen überhaupt einigermaßen fassbare Vorstellungen von der „besseren Welt", die anzustreben sie behaupten? Legen sie sich Rechenschaft ab, wie weit die von ihnen vorgesehenen Mittel zur Erreichung jenes erhabenen Ziels geeignet sind und mit welchen Nebenfolgen zu rechnen ist, die alles in Frage stellen könnten? Stehen die mit jeder Gewaltanwendung verbundenen Leiden in einem diskutablen Verhältnis zu dem angeblich bezweckten Glück, und ist dieses überhaupt erreichbar? Wird die Gewalt ohne Freude und nur in dem Ausmaß angewendet, das absolut notwendig ist? Solange diese Fragen nicht mit entsprechender Klarheit beantwortet sind, muss auf Grund leidvoller geschichtlicher Erfahrungen angenommen werden, dass die vorgeblich hehren Ziele der Menschheitsbefreiung und Menschheitsbeglückung nicht viel mehr sind als ein Instrument des Willens zur Macht und ein pseudoethisches Alibi für die Lust an Zerstörung und Gewalt. Damit soll nicht behauptet werden, jene Leute seien von Anbeginn nichts als Heuchler, die ihre verbrecherischen Gelüste mit bewusstem, eiskaltem Zynismus hinter einem Tarnschleier erhabener Ideale zu befriedigen suchen. Meist denken sie über die irritierende Problematik gar nicht nach und werden schließlich selbst zu Opfern der Dämonen, die Engelsmasken tragen. Für sie gilt eben, wie übrigens für uns alle, was Max Weber in seiner klassischen Rede „Politik als Beruf" formuliert hat: „Die alten Christen wussten sehr genau, dass die Welt von Dämonen regiert sei und dass wer mit der Politik, das heißt mit Macht und Gewaltsamkeit als Mitteln, sich einlässt, mit diabolischen Mächten einen Pakt schließt."

Die Bändigung dieser Dämonen ... ist aber die wahre humane Leistung der parlamentarischen Demokratie ... ●

*Ernst Topitsch: Die Masken des Bösen. In: Ausgewählte Dokumente der Zeitgeschichte: Bundesrepublik Deutschland (BRD) – Rote Armee Fraktion (RAF). Köln: GNN Verlagsgesellschaft, Politische Berichte, Oktober 1987*

**ERNST TOPITSCH,**
1919 – 2003,
war Philosoph und
lebte in Graz.

## Bin Ladens Terrorspur
Anschläge, die mit al-Qaida seit 2001 in Verbindung gebracht werden

**JORDANIEN**
**15** 28. Oktober 2002
1 Toter
Ein US-Diplomat wird vor seinem Haus erschossen.

**KENIA**
**16** 28. November 2002
16 Tote
Ein Anschlag von Selbstmordattentätern richtet sich gegen israelische Touristen bei Mombasa.

**SAUDI-ARABIEN**
**17** 12. Mai 2003
35 Tote
In Riad werden Ausländersiedlungen von Selbstmordattentätern angegriffen.

**MAROKKO**
**18** 16. Mai 2003
44 Tote
(davon 12 Attentäter)
Fünf zeitlich koordinierte Anschläge auf ausländische und jüdische Einrichtungen in Casablanca.

**JEMEN**
**8** 6. Oktober 2002
1 Toter
Ein französischer Öltanker wird von einem Boot voller Sprengstoff gerammt.

**9** 30. Dezember 2002
3 Tote
Ein Aktivist ermordet drei US-Angestellte eines Krankenhauses in Dschibla.

**10** 14. Mai 2003
4 Verletzte
In einem Gerichtsgebäude explodiert ein Sprengsatz kurz nach Verkündung des Todesurteils gegen islamische Attentäter.

**AFGHANISTAN**
**11** 5. September 2002
26 Tote
Eine Autobombe detoniert mitten in Kabul. Präsident Karzai entgeht knapp einem Attentat.

**12** 7. Juni 2003
4 Tote
Selbstmordanschlag auf einen Bus mit 33 Bundeswehrsoldaten.

**INDONESIEN**
**13** 12. Oktober 2002
202 Tote
Bombenattentate auf Diskotheken auf Bali, vor allem australische Touristen sterben.

**14** 5. August 2003
14 Tote
Eine Autobombe explodiert vor einem Hotel der US-Kette Marriott in Jakarta.

### BERLINER DEKLARATION / BERLIN DECLARATION:

# Der Krieg gegen den Terrorismus kann nicht erfolgreich sein

## „The war on terrorism cannot work"

### BALTASAR GARZÓN
### DIE EINZIGE ANTWORT AUF DEN TERROR

Die Antwort, die ich verlange und von der ich sicher bin, dass das amerikanische Volk und die gesamte zivilisierte Welt sie verlangt, wenn man die Situation hinreichend erklärt, ist natürlich keine militärische. Die gemeinsame Antwort muss sich vielmehr auf dem Recht gründen: Es muss eine internationale Konvention zum Terrorismus ausgearbeitet und eilig ratifiziert werden, eine Konvention, die nicht nur die Begriffe klärt, sondern auch die Regeln der Ermittlung und der polizeilichen und richterlichen Zusammenarbeit bestimmt; sie müsste sämtliche Hindernisse für die Steuerfahndung in Staaten wie in Enklaven mit besonderem Bankgeheimnis, also den „Steueroasen", beseitigen und die Offenlegung von Konten und Guthaben und ihren Inhabern ermöglichen; sie müsste die Regel aufheben, die es verbietet, zweimal für dieselbe Tat zu verurteilen; sie müsste einen einheitlichen, universalen Rechtsraum schaffen – was voraussetzt, dass das Statut des Internationalen Strafgerichtshofs dringend ratifiziert werden muss; außerdem muss der Terrorismus als Verbrechen gegen die Menschheit nach dem Universalitätsprinzip weltweit strafbar sein; die bisherigen (bilateralen) ▶

IM FOLGENDEN dokumentieren wir eine Erklärung, die anlässlich der Verleihung des Friedensnobelpreises an Jimmy Carter am 10. Dezember 2002 veröffentlicht und mittlerweile von einer großen Anzahl von Wissenschaftlern und anderen Personen des internationalen öffentlichen Lebens unterzeichnet wurde ...

### BERLINER DEKLARATION

Der „Krieg gegen den Terrorismus" ist nicht erfolgreich. Jede Woche gibt es neue Nachrichten von Bombenattentaten und Geiselnahmen in verschiedenen Teilen der Welt ...

Der „Krieg gegen den Terrorismus" kann nicht erfolgreich sein. Er kann es nicht, weil Terrorismus ein Verbrechen gegen ZivilistInnen ist, ein Ausdruck der neuen weltweit operierenden privatisierten Gewalt. Das Wort „Krieg" würdigt den Terroristen als „Feind", nicht als Verbrecher. Es teilt die Welt zwischen „uns" und „denen", und das ist genau das, was Terroristen wollen. Es verleitet zu weiteren Gewaltakten gegen Unschuldige und nährt Gefühle von Hass und Rache, die zum Terrorismus führen.

Wir befinden uns in der Gefahr eines eskalierenden Prozesses der Gewalt, ähnlich dem Israel-Palästina-Konflikt im Weltmaßstab. Die drohende Spirale der Zerstörung und Selbstzerstörung kann die Gefahr der Anwendung nuklearer, chemischer und biologischer Waffen, Völkermord und Terrorakte mit sich bringen, ganz zu schweigen von weiteren US-„Vorbeugungs"-Schlägen, die sich als Fehl-Schläge erweisen würden.

In unserer globalisierten Welt, in voneinander abhängigen Welten und Risikogesellschaften, kann es keinen „gerechten Krieg" geben. Doch wir benötigen völkerrechtlich legitimierte Machtmittel, um privatisierte Gewalt einzudämmen. Es gibt noch eine begrenzte Aufgabe für militärische Kräfte: Völkerrecht durchsetzen, Menschen schützen, wo Polizei dies tun sollte, aber nicht kann.

Wir appellieren an Regierungen, Parlamente, Nichtregierungsorganisationen, Medien, Hochschulen, Kirchen und spirituelle Gemeinschaften, verantwortungsbewusste Wissenschaftlerinnen, Künstlerinnen, Wirtschaftsführungskräfte und Bürgerinnen, sich dem Krieg, dem Unilateralis-

mus oder Bilateralismus der Atommächte entgegenzustellen und sich aktiv für eine andere Terrorbekämpfungsstrategie und Überwindung von Diktaturen einzusetzen. Diese Strategie muss multilateral und kooperativ sein und auf die Errichtung einer globalen Rechtsordnung im Sinne der Uno-Menschenrechtscharta hinarbeiten. Sie sollte einschließen:

1. die Förderung humaner universaler Werte und Normen, die internationales Recht untermauern. Menschenrechte dürfen nicht in selektiver Weise angewendet werden – im Irak ebenso wie in Saudi-Arabien, in Tschetschenien und Russland, in Pakistan ebenso wie in Afghanistan. Nötig ist ein echter Dialog zwischen allen, die auf Demokratie setzen, um dauerhafte Lösungen für jene Welt-Konfliktherde zu finden, die Terrorismus entstehen lassen ...

2. die Schaffung von Verfahren, um internationales Recht durchzusetzen. Der Internationale Strafgerichtshof muss so schnell wie möglich und ohne Ausnahmen arbeitsfähig gemacht werden. Schutzstreitkräfte in europäischem und Uno-Rahmen sollten aufgestellt werden, die bei bewaffneten Konflikten ZivilistInnen schützen und jene inhaftieren, die Verbrechen an ihnen begehen oder begangen haben.

3. weltweite Investitionen und Umverteilung der Ressourcen, um eine Welt-Rechtsordnung zu schaffen, die öffentlichen Güter (global commons) zu erhalten und globale Aufgaben zu erfüllen, wie die Überwindung des Elends, die Bewahrung der Umwelt und die angemessene Ausstattung regionaler und weltweiter demokratischer Justiz- und Polizeiinstitutionen. Wir behaupten nicht, dass diese Strategie den Terrorismus völlig verschwinden lassen kann. Machbar wäre es aber mit einer Stärkung der globalen demokratischen Friedens- und Umwelt- und BürgerInnenrechtsbewegungen und einer Stärkung und Reform der Uno, den Terrorismus einzudämmen und sein Ausbreiten und Eskalieren zu verhindern. Wir glauben, dass wir Demokratie und Rechtsstaatlichkeit nicht länger nur in einem Teil der Welt bewahren können. Krieg würde diese uns kostbaren Werte zerstören. Allein die weltweite Verwirklichung dieser Werte begründet Hoffnung. Dies ist eine Aufgabe für jeden Menschen und jede Regierung. ●

# Der Kampf gegen den Terrorismus hat seinen Preis

DIE REGIERUNGSUNABHÄNGIGE Organisation Human Rights Watch zeigt sich besorgt über die Auswirkungen des 11. September auf die Achtung der Menschenrechte. Weder die Legitimierung von Menschenrechtsverletzungen mit dem Anti-Terror-Kampf noch ein leichtfertiger Umgang mit internationalen Rechtsstandards seien annehmbar. Die Organisation berichtet auch über Fortschritte in der internationalen Justiz.

In der umfangreichen Bilanz über die Beachtung der Menschenrechte auf der Welt im letzten Jahr im „World Report 2002" stellt die regierungsunabhängige, in Washington ansässige Organisation Human Rights Watch (HRW) mit Besorgnis fest, dass die Beachtung der Menschenrechte im Kampf gegen den Terrorismus seit dem 11. September einen Rückschlag erlitten hat ...

## AUFBAU EINER KULTUR DER MENSCHENRECHTE

Nach HRW gefährdet der Kampf gegen den Terrorismus das Gleichgewicht zwischen der Sicherheit und den Menschenrechten auch im Westen. Kritisiert werden etwa Präsident Bushs Beschluss zur Einführung von Militärgerichten für mutmaßliche Terroristen. Die Organisation rügt dabei, dass die Vergehen, die an diesen Tribunalen geahndet werden sollen, zu wenig klar umschrieben seien, dass die Angeklagten keine Berufung einlegen könnten und dass die Prozesse nicht öffentlich seien. Washington gehe hier allzu leichtfertig mit internationalen Regeln für gerechte Gerichtsverfahren um. Dabei habe Washington die Militärtribunale für mutmaßliche Terroristen in anderen Ländern jeweils – richtigerweise – kritisiert. HRW zeigt auch fragwürdige Menschenrechts-„Kompromisse" in Australien und der EU auf. Die implizite Botschaft des Westens, dass Menschenrechte zu respektieren seien, wenn andere Länder ihre Sicherheit bedroht sehen, aber nicht, wenn dies in westlichen Ländern der Fall ist, steht nach HRW der Etablierung einer Kultur der Menschenrechte im Weg.

Gerade um die Logik des Terrorismus zu besiegen, braucht es, so HRW, eine gefestigte Kultur der Menschenrechte: Verletzungen der Menschenrechte müssen konsequent geahndet werden. Eine auf einer solchen Kultur basierende Politik lasse es nicht zu, dass sicherheitsrelevante Themen die Beziehungen mit anderen Staaten zu stark beeinflussen. Schließlich sei es gerade die unkritische Zusammenarbeit mit autoritären Regimen, die zu langfristiger Instabilität führen und den Nährboden für zukünftige terroristische Unterstützung bilden könne. Die Organisation schreibt, es brauche konkrete Vorgaben und den Druck von außen für die Entwicklung in Richtung Demokratie und Menschenrechte, was auch für die politische und wirtschaftliche Entwicklung förderlich wäre.

Falsch wäre es laut HRW, eine neue Runde von Entschuldigungen für Menschenrechtsverletzungen einzuläuten. ●

*„Neue Zürcher Zeitung",
26. März 2003*

▶ Auslieferungsprozedere müssen abgeschafft, Verantwortliche einfach ausgehändigt werden; es muss eine echte Gemeinschaft der Aufklärungsdienste entstehen ...

*Baltasar Garzón: Die einzige Antwort auf den Terror. „Die Zeit", 25. Oktober 2001*

**BALTASAR GARZÓN,**
48, ist Untersuchungsrichter am Nationalen Gerichtshof in Madrid.

**Inhaftierte Qaida- und Taliban-Kämpfer im Camp X-Ray in Guantanamo Bay (Kuba)**

# Drei Ebenen der Terrorismusbekämpfung

**HARALD MÜLLER,**
54, ist Politikwissenschaftler an der Universität Frankfurt am Main und leitet die Hessische Stiftung Friedens- und Konfliktforschung.

UM DEN TERRORISMUS WIRKSAM bekämpfen zu können, ist es nötig, seine Ursachen zu verstehen. Nur wenn die Bedingungen terroristischer Motivationen, die Menschen in solche Wahnsinnstaten wie am 11. September treiben, genau ins Blickfeld genommen werden, lassen sich Instrumente der Terrorismusbekämpfung definieren und einander zuordnen. Dabei ist es sinnvoll, sich diese Bedingungen als in drei konzentrischen Kreisen angeordnet vorzustellen. Am weitesten gespannt sind allgemeine soziale und kulturelle Bedingungen, die eine Stimmung allgemeiner Unzufriedenheit schaffen, ohne die der Nachwuchs an terroristischen Rekruten nicht möglich wäre. Sodann folgen Faktoren politischer und religiöser Mobilisierung, welche die Richtung der Aktivität festlegen und die Intensität des Engagements formen. Der Sprung über die letzte Hemmschwelle der Gewaltbereitschaft verlangt schließlich besondere individuelle Motivationen ...

Bei allem, was zur Verminderung der terroristischen Gefahr auf internationaler Ebene zu tun ist, muss das Ziel klar sein: den Terrorismus durch eine Stärkung des internationalen Rechts und der dieses Recht tragenden Staatengemeinschaft einzudämmen und die Machtmittel, die zur Terrorismusbekämpfung eingesetzt werden, in den Dienst des Rechts zu stellen. Dies stellt insbesondere strenge Anforderungen an die Umstände, unter denen militärische Mittel eingesetzt werden, und an die Art und Weise dieses Einsatzes ...

Im Vordergrund der politischen Debatte steht gegenwärtig der militärische Gegenschlag ...

Es ist selbstverständlich, dass Militäraktionen nicht nur ein höchst eingeschränkter Teil einer vernünftigen und zum Ziel führenden Anti-Terrorismus-Politik sind, sondern überdies nur unter bestimmten Bedingungen überhaupt nützlich, sonst aber im Gegenteil schädlich und eskalierend sein können.

Trotz dieser Einschränkungen überzeugen die hier zu Lande gelegentlich geäußerten Meinungen nicht, eine militärische Aktion könne nie und auf keinen Fall Instrument der Terrorbekämpfung sein und widerspräche prinzipiell dem Ziel, die Terroristen „der Gerechtigkeit zuzuführen", also einer rechtsförmigen und damit zivilen Verfolgung zu unterwerfen. Zum einen muss man berücksichtigen, dass Ausbildungslager, Schutzverbände der terroristischen Führer sowie die Streitkräfte eines Staates, der Terroristen Unterschlupf gewährt, alles militärische Strukturen sind, denen mit den Organen der zivilen Strafverfolgung nicht beizukommen ist. Zum anderen ist auch daran zu erinnern, dass die juristische Ahndung von Verbrechen gegen die Menschlichkeit (häufig erst durch den Einsatz militärischer Mittel) möglich wurde: Der Nürnberger Prozess oder das Den Haager Strafgericht gegen Verbrechen im früheren Jugoslawien sind hierfür Beispiele ...

TERRORISTEN BRAUCHEN Ressourcen. Das Geld muss irgendwoher kommen, irgendwo liegen, von irgendwo aus verteilt werden. Den Mittelfluss zu stoppen ist eine vorrangige Aufgabe. Auch hier gibt es bereits eine brauchbare Handhabe: die Konvention für die Unterdrückung der Finanzierung von Terrorismus, die von der Uno-Vollversammlung 1999 verabschiedet wurde, seither aber nur zögerlich ratifiziert worden ist. Sie verpflichtet Staaten zum weitgehenden Informationsaustausch und zur Ermittlung von Finanzströmen, die dem Terrorismus zufließen könnten, und rechtfertigt – streng auf diesen Zweck begrenzt – hierfür auch Eingriffe in das Bankgeheimnis. Eine Kampagne zur zügigen Ratifikation dieses Rechtsinstruments und zu seiner schnellen und wirksamen Implementation ist gerade angesichts des Netzwerkcharakters des Megaterrorismus dringend angeraten.

**Uno-Sicherheitsrat**
Mitglieder ab Januar 2004

Der Sicherheitsrat setzt sich zusammen aus fünf ständigen und zehn nichtpermanenten Mitgliedern, die von der Generalversammlung für zwei Jahre gewählt werden.

**ständige Mitglieder**
- USA
- Russland
- China
- Großbritannien
- Frankreich

**nichtständige Mitglieder** noch bis 31. Dez. 2004
- Deutschland
- Angola
- Chile
- Pakistan
- Spanien

**nichtständige Mitglieder** ab 1. Jan. 2004
- Algerien
- Benin
- Brasilien
- Philippinen
- Rumänien

Quelle: Uno

Der Vorsitz wird von den Mitgliedern des Rats turnusmäßig in alphabetischer Reihenfolge der englischen Staatennamen für einen Monat wahrgenommen.

REUTERS / E-LANCE MEDIA

Wie vom Geld muss man die Terroristen auch von ihren tatsächlichen oder potenziellen Schutzmächten abschneiden. Sie tun sich viel schwerer, wenn sie keine Möglichkeiten zum gemeinsamen Training, zum Ruhen, Planen, Propagieren usw. haben. Nur durch die Duldung oder den aktiven Schutz gleich gesinnter Machthaber in Staaten wächst dieser Terrorismustyp zur realen Gefahr heran. Wenn ein Staat die aktive Planung von Angriffen auf das Territorium anderer Länder duldet oder gar logistisch unterstützt, macht er sich eines Friedensbruchs schuldig. Selbstverteidigung nach Artikel 51 der Uno-Charta kann dann ebenso gerechtfertigt sein wie Maßnahmen des Sicherheitsrats nach Kapitel VII, welche wirtschaftliche Sanktionen oder militärische Aktionen einschließen können ...

**DER ZWEITE PFEILER** einer Politik, die auf die Austrocknung des fruchtbaren Bodens für den Terrorismus zielt, ist nicht weniger als die Entwicklung einer Weltsozialpolitik. Zum einen müssen die reichen Länder den Menschen in den benachteiligten Regionen der Welt, die besondere Schwierigkeiten haben, mit den Folgen der Globalisierung fertig zu werden, den Eindruck vermitteln, dass sie ehrliche Anstrengungen unternehmen, deren Lage zu bessern. Die Ideologie, dass eine unflankierte Liberalisierung zwangsläufig die Wohlfahrtssteigerung nach sich zieht, hat sich ebenso wenig bewährt wie der Staatssozialismus ...

**DAS DRITTE ELEMENT** ist der interkulturelle Dialog. Die Fremdheit zwischen dem Westen und der islamischen Welt ist immer noch groß. Die Feststellung, dass der „Kampf der Kulturen" nicht stattfindet, bedeutet nicht, dass zwischen Westlern und Moslems nicht eine Vielzahl von Differenzen, von Unkenntnis, Missverständnissen, Fehlwahrnehmungen und Vorurteilen herrscht. Der Dialog muss jetzt über Spezialisten oder Experten hinaus auf eine breitere Basis gestellt werden. Nur so ergibt sich die Chance, in die Tiefe der jeweiligen Gesellschaften zu wirken. Vielleicht ist der Aufbau von Gemeindepartnerschaften, in denen der europäische Partner auch zu materieller Hilfe bereit ist, eine Möglichkeit, einen solchen Dialog auf eine gesellschaftliche Basis zu stellen. Anstrengungen von Seiten der Kirchen, aber auch der Politik empfehlen sich als weitere Ebenen eines solchen Dialogs. Als der stärkere Partner und angesichts seiner historischen Erblast fällt dem Westen hier eine größere Bringschuld zu. Ganz ohne Pflicht ist aber auch die muslimische Welt nicht. Das Bild des religiösen Islam im Westen wird durch militante Geistliche geprägt, die ihre fanatisierten Anhänger zum „Heiligen Krieg" aufstacheln. Eine eindeutige, öffentliche, unmissverständliche Kampagne, unterstützt von den besten muslimischen Autoritäten, sollte klarstellen, dass Denk- und Handlungsweise der Terroristen mit den Lehren des Koran unvereinbar ist und sich die Täter außerhalb der Umma, der Gemeinschaft der Gläubigen, stellen. ●

*Harald Müller: „Verbrecher sind keine Krieger". „Frankfurter Rundschau", 17. Oktober 2001*

**Landungsschiff USS „Belleau Wood" mit Matrosen, gruppiert zum Spruch „Let's roll".**
**Mit diesem Satz soll Todd Beamer, einer der Passagiere auf dem Flug von United Airlines 93, am 11. September 2001 den Angriff auf die Entführer eingeleitet haben**

#### GEORG MEGGLE

# Ethische Reflexionen zum Terror

**BEGRIFFLICHE UNTERSCHEIDUNGEN**

Wir müssen die folgenden Fragen scharf auseinander halten:

a) Die semantische Frage: Was ist unter „Terrorismus", „Terroristen", „Terroristischen Akten" etc. zu verstehen?

b) Die Verifikations-Frage: Woran erkennt man (wenn man weiß, was unter „Terrorismus", „Terroristen", „Terroristischen Akten" etc. zu verstehen ist), ob etwas oder jemand Terrorismus, Terrorist oder Terroristisches Agieren ist?

c) Die Bewertungsfrage: Wie ist Terrorismus etc. moralisch zu beurteilen?

Von den T-Begriffen in der Dreierliste: Terrorismus, Terrorist, Terroristische Aktion bzw. Terroristischer Akt, ist der letzte der grundlegende. Die beiden anderen lassen sich durch ihn definieren, aber nicht umgekehrt. Nicht alles, was Terroristen tun, ist terroristisch; genauso wenig wie alles, was Sexisten oder Rassisten tun, sexistisch oder rassistisch ist. Terroristen – das sind, ganz grob gesagt, solche, die Terroristische Akte vollziehen, vorbereiten oder planen bzw. an ihnen wissentlich beteiligt sind. Und Terrorismus bezeichnet das weite Feld von terroristischen Aktionsweisen ...

Wann ist ein Akt ein T-Akt? Betrachten wir folgendes Beispiel:

X, ein Separatist aus der Provinz, setzt im Nebenzimmer des Marktcafés der Hauptstadt seines Landes die Zeitschaltuhr einer in seiner Aktentasche versteckten Bombe in Gang und zwar mit der Absicht, mit dieser Bombe Dutzende von Caféhausbesuchern in die Luft zu sprengen – um so zu erreichen, dass die Regierung daraufhin seine inhaftierten Gesinnungsgenossen in die Freiheit entlässt.

**Personen betrachten am 12. September 2001 die aus den Ruinen des World Trade Center aufsteigenden Rauchwolken**

**ELEMENTE:**

Aktion a
Akteur X
Gewalt-Adressat Y
Terror-Adressat Z
Finaler Adressat F
Bezweckte Wirkung R

**IM BEISPIEL:**

Aktivieren der Bombe
Der Provinz-Separatist
Caféhausbesucher
Bevölkerung
Regierung
Freilassung der
Gefangenen

**KONKRETISIERUNG:**

(a) Der T-Akt a selbst: Das kann außer dem Platzieren einer Aktentaschen-Bombe Tausenderlei sein: Anthraxpulver in Briefen; Gift aus der Wasserleitung; der Einsatz von Computer-Viren; ABC-Waffen; die Androhung von Folter; Bombenangriffe; gezielte Falschmeldungen, die Panik bewirken usw. Das Arsenal dessen, womit Menschen anderen Menschen die Hölle auf Erden bereiten können, ist unerschöpflich.

(b) Der Akteur X braucht kein Einzeltäter zu sein. Akteure können auch Gruppen und Kollektive sein, ebenso Organisationen, Institutionen und deren Netzwerke. Auch Staaten und Koalitionen von Staaten.

(c) Dasselbe gilt für die Adressaten.

(d) X kann sogar selbst Element der Gewalt-Zielgruppe Y sein; siehe: Selbstmordattentate.

(e) Gewalt- und Terror-Adressaten können identisch sein – und natürlich kann auch die finale Ziel-Gruppe F selbst (oder Teile davon) Gewalt- wie Terror-Adressat sein.

(f) Vielleicht ist sogar X selbst Mitglied von F, in welchem Fall der T-Akt dann an die eigene Gruppe adressiert wäre. Und schließlich:

(g) Genauso unbegrenzt wie das Arsenal der möglichen T-Akt-Methoden ist auch die Palette all der Reaktionen bzw. Wirkungen R, die für die T-Akteure als finale bzw. weitere Ziele von T-Akten in Betracht kommen können. Hier ist, gegeben all das, was Menschen für erstrebenswert halten, wirklich alles möglich. Die Versuche, T-Akte über deren Ziele in politische, religiöse, bloß kriminelle etc. zu klassifizieren, ist ein Versuch, in diese riesige Klasse eine erste grobe Ordnung zu bringen. Die politischen T-Akte stehen derzeit im Mittelpunkt des Interesses.

**THESE:**

*T-Akte sind Akte des (versuchten) Bewirkens von Zwecken mittels Gewalt gegenüber irgendwelchen Unschuldigen induziertem Terror.*

Terror ist umso wirksamer, je unberechenbarer er ist. Denn aus dieser Unberechenbarkeit folgt: Jeder muss irgendwie damit rechnen, unter den nächsten Opfern zu sein. (2) Terror ist desto wirksamer, je sichtbarer die von ihm bewirkten Horror-Szenarien für möglichst viele sind. Wichtiger Terror-Multiplikationsfaktor ist dessen Medialität (Musterbeispiel: 11. September). Berichte oder gar Bilder von unschuldigen Opfern, von verbrannten Kindern etwa, sind Horror-funktional optimal.

### ETHIK DES TERRORS: KÖNNEN T-AKTE MORALISCH ERLAUBT SEIN?

Das hängt ganz davon ab, um welche Art von T-Akten es geht. Erinnern wir uns: Nach unserem stärksten T-Begriff richtet sich die Gewalt des Täters gegen beliebige Unschuldige. Unschuldige dürfen nicht direktes Ziel sein; also sind zumindest solche T-Akte moralisch verboten, die Unschuldige zum direkten Ziel haben.

Direkte Gewalt gegen Unschuldige ist verboten. Ist damit indirekte Gewalt erlaubt? Wir sind beim Thema Kollateral-Schäden – und sollten daher etwas genauer hinsehen.

Dass sich die Gewalt von X gegen Y (als unbeteiligten Dritten) richtet, kann Verschiedenes heißen:

Der Täter X richtet seine Gewalt mit voller Absicht gegen Y, wohl wissend, dass Y unschuldig ist.

Bei diesem Fall direkter Gewalt gegen Unschuldige wird also vorausgesetzt: Y ist ein Individuum oder eine Gruppe von Individuen, die nicht „schuldig" sind im Hinblick auf die politischen etc. Absichten von X. Diese Gewaltanwendung/Tötung von „Unschuldigen" ist natürlich kein Kollateral-Schaden. Zu diesem jetzt; wobei Y und Z für verschiedene Gruppen stehen:

X's Gewalt, die mit voller Absicht gegen Z gerichtet ist, trifft auch Unschuldige aus Y, wobei des Weiteren zwischen den folgenden Fällen zu unterscheiden ist:

▶ X wusste, dass seine Gewalt gegen Z auch Unschuldige aus Y treffen kann – aber das war X völlig gleichgültig.

▶ X wusste, dass seine Gewalt gegen Z auch Unschuldige aus Y treffen kann – nahm das aber bewusst in Kauf.

▶ X wusste nicht, dass seine Gewalt gegen Z auch Y treffen kann, hätte es aber wissen können, wenn er sich besser informiert hätte.

**ANREGUNGEN FÜR DEN UNTERRICHT**

**1.** Erörtern und diskutieren Sie die Vorschläge von Petra Steinberger zu einem „verantwortlichen" Umgangs mit Selbstmordattentaten.

**2.** Erläutern Sie, inwiefern der moderne Terrorismus für Benjamin R. Barber ein klarer zivilisatorischer Rückschritt und ein Rückfall in den von Thomas Hobbes geschilderten Naturzustand ist. Welche Konsequenzen zieht Barber daraus?

**3.** Peter Waldmann wirft in seinem Text den Amerikanern im Umgang mit Terroristen „ihr manichäisches Denken von einer Achse des Bösen" vor. Können Sie seine Kritik teilen?

**4.** Grundlegend für eine ethische Beurteilung terroristischen Handelns und der Reaktionen darauf ist die Zweck-Mittel-Relation. Ernst Topitsch spricht in seinem Text von einem Zweck-Mittel-Problem: Was meint er damit, und worin liegt für ihn seine Bedeutung?

**5.** Erläutern und diskutieren Sie die Hauptthesen der Berliner Deklaration. Welche Wege einer Bekämpfung des Terrorismus werden aufgezeigt? Wie würden Sie diese beurteilen?

**6.** Der Kampf gegen den Terrorismus hat seinen Preis: Welche Gefahren können dabei für Demokratie und Menschenrechte bestehen?

**7.** Harald Müller entwickelt eine differenzierte Analyse für eine in seinen Augen effiziente Terrorismusbekämpfung. Auf welchen unterschiedlichen Ebenen müsste von wem ▶

▶

*und wie angesetzt werden? Beziehen Sie kritisch Stellung zu diesen Vorschlägen.*

**8.** *Abschließend sollen noch ethische Aspekte angesprochen werden. Wie lassen sich terroristische Handlungen moralisch überzeugend, das heißt begrifflich einigermaßen präzise und in der Argumentation weitgehend widerspruchsfrei beurteilen? Welche begrifflichen Unterscheidungen bietet Georg Meggle hierfür, und inwiefern*

▶

▶ X wusste, dass seine Gewalt gegen Z auch Unschuldige aus Y treffen kann – und hat es erfolglos zu verhindern gesucht.

▶ X konnte einfach nicht wissen, dass seine Gewalt gegen Z auch Unschuldige aus Y trifft.

Alle diese Fälle sind Fälle von Kollateral-Schäden.

### THESE:

*Wenn T-Akte überhaupt rechtfertigbar sind, so nur dann, wenn es sich weder um T-Akte handelt, die sich mit voller Absicht gegen Unschuldige richten, noch um solche, die mit „Stark Zurechenbaren Kollateral-Schäden" (kurz: mit SZKS) einhergehen.*

T-Akte, deren Gewalt wie Terror sich entweder direkt gegen Unbeteiligte Dritte (Unschuldige) wendet oder deren Gewalt bzw. Terror bei

Wenn also Gewalt-induzierter Terror gegenüber einem verbrecherischen Regime tatsächlich die einzige Möglichkeit wäre, schwerstwiegende Menschenrechtsverletzungen gegenüber der eigenen Gruppe zu stoppen, wenn diese Strategie angesichts der Unterstützung der Guerilla durch das eigene Volk Aussicht auf Erfolg hätte, und wenn bei einem Sieg der Guerilla in der betreffenden Provinz nach Jahrzehnten der Unterdrückung annähernd Frieden einkehren würde, wenn sich der ganze Kampf letztlich als lohnenswert erweisen dürfte – ja, was wäre dann?

Dann wäre dieser Guerilla-Kampf ein Spezialfall eines „Gerechten Krieges". Und zwar nicht weniger als das oben erwähnte Eingreifen der Alliierten in den Zweiten Weltkrieg; ja sogar noch sauberer – weil von ihnen, der Guerilla, anders als von

CNN sendet das Video eines Qaida-Experiments, bei dem die Wirkung von Giftgas an einem Hund getestet wird

*sind sie für ein moralisches Urteil zumindest hilfreich?*

**9.** *Georg Meggle kommt zu dem Schluss: „Starker Terrorismus ist verboten. Schwacher Terrorismus kann erlaubt sein." Wie begründet er diese Thesen? Ist seine Argumentation in Ihren Augen überzeugend?*

**10.** *Entwerfen Sie ein Interview mit Georg Meggle, in dem er seine Position argumentativ darlegen kann und Sie die Ihrer Meinung nach nötigen kritischen Rückfragen stellen können.*

Unbeteiligten Dritten SZKS bewirken, bezeichne ich ab jetzt einfach als Starke T-Akte. Entsprechend bezeichne ich als Starken Terrorismus einen Terrorismus, der auf Starke T-Akte setzt; ein Schwacher Terrorismus ist hingegen ein solcher, der Starken Terrorismus ausschließt. Man beachte, dass stark und schwach sich hier nur auf das Kriterium der starken Zurechenbarkeit der Gewalt gegen unbeteiligte Dritte bezieht; über eine entsprechende Intensität dieser Gewalt ist damit noch nichts gesagt.

Ich hatte offen gelassen, ob als T-Akte schon per Definition Akte mit diesen starken Zurechenbarkeiten zählen sollten. Aber klar ist jetzt: Wenn T-Akte generell bereits als Starke T-Akte definiert wären, dann wären T-Akte nicht rechtfertigbar.

Die Frage nach der Rechtfertigbarkeit ist also nur dann offen, wenn man ein schwächeres Konzept von T-Akten zu Grunde legt. Aber dort ist diese Frage dann auch tatsächlich offen!

den Amerikanern und Briten auch noch die Kriterien des „ius" in „bello" erfüllt würden. Dass es solche Gruppen auch in unserer Welt geben kann, das war, nebenbei gesagt, das Basis-Postulat der meist speziell auf die Verhältnisse in Südamerika abhebenden Befreiungstheologie.

T-Akte (im schwachen Sinne) können also moralisch erlaubt sein.

Damit können wir unser bisheriges Ergebnis wie folgt zusammenfassen:

▶ Starker Terrorismus ist verboten.

▶ Schwacher Terrorismus kann erlaubt sein. ●

*Georg Meggle: Terror und Gegen-Terror.*
*Berlin: Deutsche Zeitschrift für Philosophie, 2002, S. 149ff.*

**GEORG MEGGLE**, 59, ist Professor für Philosophische Grundlagen der Anthropologie und Kognitionswissenschaften an der Universität Leipzig.